Gundi Gaschler:
Mr. Rosenberg en de koffiekop

Gundi Gaschler

Mr. Rosenberg en de koffiekop

Ontroerende ervaringen met
Geweldloze Communicatie

Vertaling door Rudy Begas

Bibliografische Information der Deutschen Nationalbibliothek: Die Deutsche Nationalbibliothek
verzeichnet diese Publikation in der Deutschen
Nationalbibliografie; detaillierte bibliografische
Daten sind im Internet über dnb.dnb.de abrufbar.

Eerste Nederlandse editie, uitgegeven onder licen-
tie. Vertaling door Rudy Begas

Original title: Herr Rosenberg und die Kaffeetasse
Cover: Frank Gaschler inspired by the original cover made by Weiss Werkstatt, München
Copyright © 2021 by Gundi Gaschler,
eMail: gundigaschler@me.com

Printing and Publishing:
BoD – Books on Demand, Norderstedt
ISBN: 9783755741527

This book is also available as an E-Book

Voor mezelf. Omdat ik het me waard ben.

Inhoud

Voorwoord

Je zou dit boek niet mogen lezen! Je zou het beter van Gundi zelf horen. Ik heb het gehoord. Elk beroerend verhaal. Als zij het voorleest stopt de wereld. Er opent zich een deur en ik voel me uitgenodigd om binnen te gaan. En daar zie ik hen: De Oost-Europese buschauffeur, de moeder, de dochter, … mezelf. De liefde stroomt in haar stem. Liefde voor al die mensen die ze was toen zij in hun rol kroop in rollenspelen en waarvoor ze een plekje vond in haar hart. Het geeft me warmte en ik voel nog iets. Ik kan nu elk van die personen begrijpen, want zij begrijpt elk van hen. En er is daadwerkelijk plaats voor iedereen. Ook voor mij. En telkens als een verhaal afgelopen is zie ik haar ogen, ze stralen, zoals een licht, in de late namiddag aan de zee. Geelgouden, warm, zoals het ‚gouden uur' voor fotografen. Zo herkenbaar allemaal. Haar ogen zijn dan vochtig, net als de mijne. Het raakt me. Het beroert me want ik heb de mensen gezien zoals ze zijn. Soms wat ingewikkeld in wat ze zeggen en doen. Maar onwaarschijnlijk eenvoudig in hoe ze zijn. Gewone mensen, zoals jij en ik.

Mocht je niet de kans hebben om haar deze verhalen te horen vertellen, lees dan dit boek. Misschien kan je je er iets bij voorstellen. Iets van veiligheid, onvoorwaardelijke liefde. Iets van passie en melancholie. Open je hart en voel de warmte. Misschien worden jouw ogen ook vochtig.

Volgens mij gaat het boek niet over de verhalen op zich noch over iets uit te leggen of te verklaren. Het gaat over moed vinden, mensen rondom ons zien met andere ogen. Om nieuwsgierig alles te verwelkomen dat er is: de opdringerige automobilist, de verveelde moeder, de zagende baas, de luie kinderen. Door haar ogen zie je mensen die diep in zich schatten meedragen. En Gundi ontdekt ze en heet ze welkom.

Alleen al voor die ogen hou ik van je!

Frank

Aanmerkingen bij de introductie

Ongeveer 15 jaar geleden raadde een vriend me het boek van Marshall Rosenberg aan. Ik had intussen al talloze ouderschapsboeken verslonden en nog steeds zat ik met vragen. Ik begon Rosenberg's boek te lezen en ik kon er enkel mee stoppen toen het uit was. Het voelde aan als 'thuiskomen'. Alles in het boek voelde zo juist en zo waar voor mij. Het beschreef exact wat ik wou zijn. Achteraan in het boek stond een lijst met trainers en ik schreef me in voor een introductie workshop met Klaus Karstädt. Het was daar dat ik de magie van rollenspellen ontdekte. De vaardigheden van NVC werden gebruikt in een conflict tussen gescheiden ouders. We begonnen op een kruitvat en eindigden in een samenhorigheid die ik nooit eerder had ervaren. Het raakte mij, ik was vervuld, mijn verlangen was ontwaakt, mijn vuur ontstoken. Het was exact wat ik wou en ik wou er meer van. Ik reed naar huis en vertelde mijn man Frank dat ik mij nooit meer zou verontschuldigen (nog een inzicht uit de workshop). En het is toen dat we begonnen zijn op een bepaalde manier met elkaar te praten, zoals we tot op de dag van vandaag nog steeds doen. Ik twijfel eraan of we vandaag nog steeds samen zouden zijn, mocht ik NVC niet hebben binnengebracht in ons leven. Met al mijn macht overtuigde ik hem en hij ging mee in hetzelfde bootje. Samen namen we

deel aan ontelbare workshops en gaven tegelijkertijd door wat we net geleerd hadden en al die dingen waar we beide zo enthousiast over waren in de
workshops die we zelf gaven. Steeds opnieuw ont-
moetten we mensen die open stonden om iets
nieuws te voelen, iets nieuws te proberen. Zodat ze
een verschil konden maken, konden groeien om
met hun acties meer het leven te ondersteunen en
zo hun leven meer betekenis te geven. Ik ontmoette
mensen, die me hun vertrouwen schonken en me
lieten deelnemen aan hun groei, die ik mocht begeleiden. Elke keer ervaarde ik rollenspelen als mijn
hoogtepunten. In de schoenen van iemand anders
kruipen is opwindend, verhelderend en heeft me
zoveel geleerd over mens zijn. Ik heb geen idee hoe
dat werkt en natuurlijk beweer ik niet dat het de
waarheid is. Ik weet alleen dat het voor mij gemakkelijk is. In de loop der jaren ben ik hierin gegroeid,
heb ik veel kennis opgedaan en heb ik prachtige
ontmoetingen beleefd, ook met de mensen die
dicht bij mij staan. Sommige ervaringen raakten
me bijzonder, ze kropen onder mijn huid, veranderden mijn kijk op de wereld, waren dierbaar
voor mij. Het tijdperk waarin ik trainer ben loopt
nu ten einde. Het is tijd voor iets nieuws, iets anders. Ik ben benieuwd wat er zich gaat aanbieden.
Tegelijkertijd biedt dit einde de mogelijkheid om
mijn verhalen te vertellen. Ik zou het jammer vinden als ze gewoon zouden verdwijnen. Dit is
waarom ik ze heb opgeschreven. Waarschijnlijk

ook een klein beetje om het afscheid voor mij makkelijker te maken. Ze zijn bedoeld als geschenk aan de wereld. "Maar dat klinkt nu als grootspraak! Zoiets kun je toch niet zeggen," hoor ik mijn innerlijke stem zeggen. Ze doet haar werk heel goed. Ze wil me beschermen en daarvoor ben ik haar dankbaar. Ik had veel contact met haar terwijl ik deze verhalen aan het schrijven was, omdat vele verhalen erg persoonlijk zijn. En ik heb mijn innerlijke stem gerustgesteld, omdat ik er vast van overtuigd ben dat mijn ervaringen je als lezer kunnen raken. Dat bedoel ik met mijn geschenk. Ik begin met ervaringen in seminaries. Het eerste verhaal is verweven met theoretische aspecten waarvoor ik een sterke drang voel om ze te delen - ze moeten er gewoon uit omdat ze zo'n groot verschil maken. Ze worden gevolgd door ervaringen die ik in "het echte leven" ben tegengekomen. Vervolgens praat ik "out of the box" en vertel ik hoe het bij ons thuis is vergaan met NVC. En op het einde ga ik op een bijzondere ontdekkingsreis. In het laatste deel van dit boek interviewde ik mijn dochters over hoe het was om op te groeien met "NVC" - ouders. Ik vroeg hen wat hielp en wat niet. Wat een moedig ding om te doen!

Als lezer wens ik je veel momenten van 'Herzspitzenberührungen' (hartsontroeringen - deze term ontleen ik van mijn vriendin Lorna Ritchie).

Ervaringen uit workshops en coaching

Gitaar spelen

Deze ervaring heb ik van een tweedaagse opleiding inleiding in Geweldvrije Communicatie (NVC) voor ouders. Op de tweede dag geven we de deelnemers de mogelijkheid de vier stappen van NVC te oefenen met eigen praktijkvoorbeelden. Het hoofddoel is "Eerlijk Uiten" met behulp van rollenspelen. Een vader wil graag werken rond een situatie met zijn zoon van zeven jaar. Hij vraagt mij om de rol van zijn zoon aan te nemen. Ik doe heel graag rollenspelen, het geeft me de mogelijkheid om een veel diepgaander inzicht te krijgen in wat er omgaat in de jongen doordat ik het dan ook zelf ervaar. In de oefening zal mijn collega-trainer zorgen voor de nodige ondersteuning van de deelnemer. We gebruiken gelamineerde bladen voor de vier stappen: "observatie", "gevoel", "behoefte" en "verzoek". Die kaarten – ook wel grondankers genoemd - spreiden we uit op de vloer – mooi in volgorde, zodat de deelnemer makkelijk het pad van de vier stappen kan volgen. De zoon zat tegenover zijn vader, de andere deelnemers keken toe.

De situatie is als volgt: Vader en zoon volgen al enkele weken samen gitaarles. De laatste keer wil de zoon niet meer mee en de vader wil weten waarom. De vader heeft herhaaldelijk gepolst naar de reden waarom zijn zoon niet meer mee wou. De jongen wil daar niet op ingaan, rent weg en sluit zich op in zijn kamer.

Om me authentiek in te kunnen leven in de zoon, spelen we eerst de situatie na zoals ze plaats gevonden had. Ik kruip in de rol van de jongen en neem zijn lichaamshouding aan: Ik zit op de vloer met opgetrokken knieën, mijn armen errond, gebogen rug en mijn hoofd omlaag. De vader staat vlak voor me, naar mij voorovergebogen, hij spreekt met een stille, onzekere stem: "wat scheelt er toch? Waarom wil je niet oefenen?" Vanuit mijn rol hoor ik: Er is iets fout met me, maar ik heb het zelf niet door. Mijn spieren spannen zich op. Ik voel me onzeker, verward en overdonderd. Ik wil mezelf beschermen, me stilletjes verstoppen.

De vader buigt nog verder naar me toe. Zijn stem is nog zachter: "Is het omdat ik beter speel dan jij? Moet ik meer met je oefenen?"

Nu hoor ik: Het doet papa zeer en dit is waarschijnlijk door mij? Dat wil ik helemaal niet, maar ik heb geen idee wat ik eraan kan doen. Ik voel me hulpeloos, nog meer overdonderd, ik wil wegrennen, liefst naar mijn kamer. Daar ben ik veilig. De drang overweldigt me, ik spring recht en loop weg.

Mijn collega-trainer onderbreekt ons hier. We hebben genoeg informatie om het nu op de Geweldloze manier aan te pakken: Eerlijk Uiten via de vier stappen.

Ze nodigt de vader uit om bij het eerste grondanker "observatie" te staan en te vertellen welk objectief observeerbaar gedrag dingen triggert in hem.

Vader: "Als je zo zit ..." - hij neemt dezelfde houding aan als het kind.

Mijn collega nodigt hem uit om verder te gaan naar het volgende grondanker: "het gevoel". Ze vraagt de vader om zijn aandacht naar binnen te keren. Hoe voelt dat? Wat gebeurt er in je lichaam?

Hij sluit zijn ogen en probeert te voelen.

Ze geeft enkele suggesties. "Ben je boos?", "Ben je verrast?", "Ben je eerder verdrietig?" Bingo! Zijn lichaam reageert spontaan. Zijn gezichtsuitdrukking wijzigt en wordt zachter. Zijn lichaam ontspant en vertoont nu geloofwaardig verdriet. Zijn stem is nu lager, dieper, krachtiger en toonvast. "Als je zo zit voel ik verdriet." Als zijn zoon, voel ik onmiddellijk dat er iets veranderd is. Tot mij dringt nu door: papa is verdrietig. Echt? Ik wist niet dat papa verdrietig is. Ik ben compleet verrast. Ook ik ben soms verdrietig en nu ik weet dat papa ook verdrietig kan zijn, voel ik me al beter. Dit betekent dat het best ok is om af en toe verdrietig te zijn. Het betekent dat ik ok ben. Daar hou ik van. Nu word ik wel nieuwsgierig, ik ga rechtop zitten en kijk mijn papa opgewonden aan.

Mijn collega begeleidt hem naar het volgende grondanker, "de behoefte" en ze geeft de hint: "Omdat ik ...".

Vader zegt nu: "Als je zo zit voel ik verdriet omdat ik ernaar uitkeek om samen gitaar te spelen."

Ik hoor: Als ik niet met papa gitaar speel, wordt hij verdrietig. Als ik hem blij wil maken, moet ik met hem gitaar spelen. Ik voel spanning in mijn keel en heb moeite om te ademen. Mijn spieren spannen zich op.

Mijn collega voegt toe: gitaarspelen is slechts één van de vele strategieën om een behoefte te vervullen. De vraag die ons echt naar de behoefte zal leiden is: "Wat is er voor jou vervuld als jullie samen gitaar spelen?"

Vader sluit zijn ogen en zoekt verder. Uiteindelijk begint hij te glimlachen en zegt vreugdevol met krachtige stem: "Dit gaat over gezelschap en samenzijn."

Naar mij, als zijn zoon, zegt hij: "Als je zo zit voel ik verdriet omdat ik graag dingen samen met jou doe."

Terwijl hij dit zegt klinkt zijn stem zoveel krachtiger en duidelijker. Ik kijk op naar hem om te zien of hij het echt meent, om te zien dat ik kan vertrouwen op wat ik zonet voelde. Nu hoorde ik namelijk iets helemaal anders. Ik hoorde hem zeggen dat ik belangrijk ben voor hem en dat hij graag bij me wil zijn, dat mijn aanwezigheid hem voedt en vrolijk maakt. Ik moet wel heel bijzonder zijn voor hem.

Mijn collega nodigt de vader uit bij het vierde grondanker: het "verzoek".

Hij zegt: "Als je zo zit voel ik verdriet omdat ik graag dingen samen met jou doe. Kan je me alsjeblieft vertellen wat je me zojuist hoorde zeggen?"

Ik antwoord: "Jazeker. Graag zelfs. Je wil graag bij me zijn omdat ik belangrijk ben voor je. Ik wil dat ook en ik heb al een idee. We zouden een ritje met de fiets kunnen maken, wij met zijn tweetjes alleen?"

Vanaf hier gaat ons gesprek vlot, makkelijk en plezierig. En toch is er nog één ding dat ik graag van mijn vader wil weten, als zijn zoon:

"Heb je enkel om mij gitaarlessen gevolgd?"

Verbaasd kijkt vader naar me. Vervolgens staart hij in de verte, zijn ogen stralen en schitteren. Het lijkt erop dat hij in gedachten op reis is. Dan begint hij te praten over zijn droom - hoe we samen rond het kampvuur zouden zitten, zingend en gitaar spelend op een warme zomeravond. Hij ziet het helemaal voor zich en ik ben ook bij hem, daar op zijn bijzondere plek.

Discussie, tips en theoretische bedenkingen over deze casus:

In NVC is de eerste stap steeds de observatie. Hierin beschrijven we op een neutrale en objectieve wijze wat ons getriggerd heeft in plaats van te interpreteren of te oordelen. Het doel van observatie is dat de andere persoon weet waarover ik wil praten en akkoord kan gaan met hoe ik de realiteit zie. Zo krijg ik de gelegenheid om verder gehoord te worden zonder in , en welles-nietes spelletje te verzanden.

Als die trigger een bepaalde houding is of een specifieke toon, dan raad ik om efficiëntieredenen aan dat te demonstreren in plaats van het in woorden te beschrijven. Als zoon had vaders' demonstratie weinig impact op mij, want ik keek toch niet naar hem. Tegelijk riep het ook geen bijkomende weerstand op.

"Gevoelens zijn er om gevoeld te worden," zei Robert Betz in zijn audioboek "Wil je normaal zijn of gelukkig?" Ik ben het daar volmondig mee eens. Nadat de vader zijn gevoel ontdekt had en het de ruimte gaf om echt gevoeld te worden in zijn lichaam, leek hij veel meer ontspannen en meer in verbinding met zichzelf. Dat maakte hem veel meer aanwezig en zichtbaar voor mij, ik kon perfect begrijpen hoe hij zich voelde. Voor hij in contact kwam met zijn gevoel hoorde ik enkel warrig gebabbel. Ik geloof ook, dat mocht hij gewoon het woord gezegd hebben, dit niet de verandering waar gemaakt had in hem. Het was echt nodig voor de vader, om zijn verdriet toe te laten, zodat hij het echt kon beleven. Alleen dan kon ik pas verbinding maken met wat er gaande was in hem. Zijn gezichtsuitdrukking, de toon van zijn stem, zijn hele voorkomen was in lijn met wat hij zei en alles was congruent met zijn gevoel.

Als Gundi, was ik wel wat verbaasd, dat ik me als kind niet schuldig voelde nadat ik hoorde hoe mijn papa zich voelde. Dit kwam door de congruentie. Puur vanuit cognitief standpunt, zou ik schuldgevoelens verwachten in zo een situatie. Mensen leren snel, zeker wanneer ze frequent geconfronteerd worden met beschuldigingen in de zin van "Ik voel me slecht en het is jouw fout!" Ze leren dan snel hoe zichzelf ertegen te beschermen. In NVC nemen we de verantwoordelijkheid voor onze eigen gevoelens - we zien ze als een leidraad naar onze behoeften.

We voelen ons dus niet X vanwege wat jij gedaan hebt maar vanwege een behoefte, vervuld of niet. Onze gevoelens komen voort uit onszelf. Iemand anders kan hoogstens de aanleiding zijn, nooit de oorzaak.

Tip: Ik gebruik graag een gelamineerd kaartje om dit te illustreren. Op één zijde staat "omdat jij" en aan de andere kant staat "omdat ik". Ligt "omdat jij" zichtbaar naar boven tussen de grondankers "observatie" en "gevoel" dan zitten we in onze oude denkpatronen. Ligt "omdat ik" tussen de grondankers "gevoel" en "behoefte", dan treden we binnen in de NVC manier van denken en nemen we verantwoordelijkheid voor onze eigen gevoelens.

Terug naar de situatie. "Samen gitaar spelen" is volgens NVC slechts een strategie. Als we niet voorbij dit niveau geraken zijn we afhankelijk van die ene strategie. Als die strategie dan lukt ben ik blij en anders ben ik verdrietig. Dat is exact de boodschap die ik binnenkreeg als zoon. De wereld bood me slechts twee keuzes: als ik meega naar de gitaarles ben ik goed, anders ben ik slecht. Soms kan dit opluchting geven, gewoon kiezen tussen twee dingen en weten wat de consequenties zijn. Het geeft dan duidelijkheid en richting. In de rol van de zoon zorgde dit echter voor spanning zonder enige keuzevrijheid en daardoor ook zonder enige mogelijkheid echt bij te dragen aan mijn vaders welzijn. Vrij zijn en in mijn kracht staan is iets helemaal anders. Als we voor de omweg kiezen langs de behoeften en echt ermee in contact gaan, zullen er veel meer strategieën verrijzen. In NVC worden behoeften gedefinieerd als abstracte, levensdienende energieën aanwezig in alle mensen. Elke persoon kan ze hebben en daarvoor zijn ze universeel. De woorden die we hiervoor gebruiken zijn los van personen, acties of tijd. Een manier om de behoefte te vinden is via vragen zoals: "Wat zou er vervuld zijn, als je ... (een bepaalde strategie) zou doen?" In ons voorbeeld "Wat is er voor jou vervuld als jullie samen gitaar spelen?"

In deze situatie was het zeer bruikbaar om de vader wat ruimte te geven in zijn zoektocht, om tot de kern van de zaak te komen, en dit bracht hem tot bij die mooie plek, zo dicht bij 'liefde'.

Een tweede manier om behoeften te vinden, is om de gevoelens als wegwijzer te gebruiken. Als we 'negatieve' gevoelens ervaren, is dit een wegwijzer naar onvervulde behoeften, er ontbreekt iets. In ons voorbeeld ging het over samenzijn: samen kostbare tijd doorbrengen, dit soort mooie momenten die een bijzondere plek hadden in het hart van de vader. Qua formulering: Als we erin slagen om "Ik mis... (behoefte)" of "Het ontbreekt me aan ... (behoefte)" te vertalen naar "Ik verlang naar ... (behoefte)" of "Ik vind ... (behoefte) belangrijk", dan verlegt de aandachtsfocus zich naar de vervulling van die behoefte. Om nog meer in contact te komen met de kracht en levensenergie van de behoefte, helpt het om je een situatie in te beelden waarin die behoefte vervuld is en dan te observeren welke gevoelens en lichaamssensaties verschijnen. Dit noemen we 'baden in de schoonheid van de behoefte'. In ons voorbeeld was de uiteindelijke reactie van de vader krachtig, en die kracht kwam uit de kwaliteit van het contact met de energie: 'gemeenschap en samenzijn'. Als zijn zoon ontwaarde ik zelf 'liefde' in de uitdrukking van de vader en dat is wanneer de magie plaatsvond. De vader veranderde zo immens. Hij was zo zichtbaar, krachtig en duidelijk, zo geloofwaardig. Dat gaf me stabiliteit, veiligheid, richting en vertrouwen. Ik voelde me gedragen.

Voor de laatste stap, het verzoek: vroeg vader: "Kan je me alsjeblieft vertellen wat je me zojuist hoorde zeggen?". Sta me toe even uit te uitweiden over deze specifieke verzoek vorm. Dit dient puur voor begrip en verbinding. Ik ben er een grote fan van. Hoe vaker ik het gebruik, hoe meer ik ervan hou. Ik heb mezelf namelijk zojuist getoond, in al mijn kwetsbaarheid, mijn diepste zijn. En ik wil dolgraag weten of de kern van wat ik deelde begrepen is. Anders zal ik het wel in andere woorden proberen. Slechts als ik helemaal overtuigd ben, dat wat ik wou zeggen, begrepen is en geland is op de manier hoe ik het wou zeggen, dan pas is het zinvol om andere verzoeken te maken. Bij voorbeeld. "Hoe is dit voor jou om te horen?" of "Wat maakt dat los in je?" "Hoe voel je je daarbij en waar heb je behoefte aan?" Deze soort verzoeken openen de ruimte naar de wereld van de ander. En pas als beide kanten zich gehoord en begrepen voelen, is het zinvol om te zoeken naar concrete tastbare strategieën op actieniveau.

Terug naar het rollenspel. Als zoon kwam bij mij binnen: "Papa houdt er echt van om dingen met mij te doen en met mij alleen. Ik ben echt belangrijk voor hem. Dat voelde zo goed. Het was nieuw voor me. Het voelde warm, sprankelend en krachtig. Ik ben belangrijk voor

hem. Zo belangrijk dat hij dingen wil doen met mij al-
leen! Onmiddellijk kwamen er massa's ideeën, want ik
ben slim en creatief, ja hoor! Bijvoorbeeld samen een
fietstocht maken, alleen mijn papa en ik, hoe cool is dat!?
Hij ging het aan mama voorstellen.

Uiteindelijk, vertelde de vader over zijn droom – zit-
tend rond het kampvuur, samen zingend en gitaarspe-
lend op een warme zomeravond. Ik genoot ervan om op
dat moment bij mijn vader te zijn, krachtig, levendig en
zo in verbinding met zijn dromen. Ik heb zo een fantas-
tische vader!

De gitaarlessen waren heel snel geregeld, alsook die
fietstocht, mama zei: "ja".

Mijn eigen inzicht als Gundi op mijn eigen NVC ont-
dekkingstocht: "Ik kan slechts gezien worden, als ik me-
zelf toon." In ouderschapstraining maak ik keer op keer
mee dat ouders hun grenzen niet stellen naar hun kin-
deren toe, omdat ze bang zijn hun kinderen er teveel mee
te beperken. In mijn ervaring: Dit gaat zolang goed tot
de laatste druppel de emmer doet overlopen en dan ex-
plodeert de ouder en is het kind in de war.

Dit verhaal dateert van enkele jaren geleden. Ik schreef
het indertijd neer. Toen ik recentelijk de vader contac-
teerde, voor toestemming om zijn ervaring te publice-
ren, informeerde ik naar de gitaarlessen. Beiden volgen
nog steeds gitaarlessen en soms spelen ze samen voor de
familie.

Mag het voor mij ook eens makkelijk zijn?

In een opleiding oefenen we de vier stappen van het Eerlijk Uiten. Ik ben er bij als trainer. De grondankers liggen uitgespreid op de vloer. Een deelnemer staat op de gevoelens-kaart en zegt: "Ik ben verdrietig". Ik informeer naar de observatie. "Als jij weigert om je trainingsbroek aan te trekken." Aha. Ik wil me graag nuttig maken, ik nodig hem uit op de behoefte kaart en ik vraag: "... omdat je behoefte hebt aan...?"

Hij zegt: "wel, ik wil niet veel moeite doen."

Ik licht toe: "Als we enkel aan de negatieve formulering kunnen denken, dan vinden we de behoefte vaak door op zoek te gaan naar het tegengestelde. Wat is voor jou het tegengestelde van "niet veel moeite doen?"

Daar moet hij even over nadenken en uiteindelijk komt hij met zijn antwoord: "Wel, mag het voor mij ook eens makkelijk zijn?"

Daarop vraag ik hem om de stappen nog eens van het begin te hernemen. "Als jij weigert je trainingsbroek aan te trekken, word ik wat verdrietig omdat ik niet zoveel moeite wil doen..."

Hij pauzeert even en herneemt zich stilletjes: "omdat ik het graag eens makkelijk wil hebben." Hij zegt dit zo zacht dat zijn rollenspelkind het niet hoort.

Ik vraag hem: "Is het moeilijk voor je om dit luidop te zeggen?" "Jazeker." "Is het alsof je gelooft, dat het je niet toegestaan is om het jezelf eens makkelijk te maken?" "Inderdaad, zo is het."

Ik veronderstel dat een hele waaier aan kernovertuigingen geactiveerd werd. Zinnen die we het vaakst gedurende onze kindertijd gehoord hebben. Op dat moment was het belangrijk om ze te volgen, al was het maar om erbij te horen. Veel van die zinnen dienden voor onze eigen veiligheid. Dat is de reden waarom we kozen om deze zinnen te geloven en te volgen. We hebben ze binnengelaten en uiteindelijk werden ze onze waarheid. Sommigen kan ik nog zo voor de geest halen, bijvoorbeeld: "Het leven is geen ponykamp." Maar ook zoiets als: "De anderen zijn belangrijker dan jezelf." Klinkt dat herkenbaar voor je? Ik heb veel werk gehad met een groot aantal van ze (want het leven kan echt hard zijn!). Velen heb ik kunnen transformeren en nog steeds kwamen er nieuwe naar boven. Ik heb veel mensen op datzelfde pad begeleid en ontdekte gelijkaardige patronen. Vooral bij moeders kwam ik vaak tegen dat hun invulling van de moederrol gekarakteriseerd werd door (totale) zelfopoffering. Moeders hebben geen behoeften, behalve dat er voor iedereen in het huishouden gezorgd moet worden! En als zo een moeder in een NVC opleiding leren dat ze wel degelijk behoeften hebben, is dat alsof ze een geheel nieuwe wereld ontdekken. "Watblieft? Ik mag behoeften hebben?" Mijn antwoord daarop is: "Jazeker, het mag. Je bent een mens zoals een ander. Je hebt behoeften en het zijn kostbaarheden, schatten, krachtbronnen, die je in leven houden. Ze horen bij jou!"

Terwijl ik dit nu neerschrijf, voel ik de energie opwellen. Een ontzettende kracht tot mijn beschikking. Het liefst zou ik deze boodschap willen uitschreeuwen omdat ze zo belangrijk voor me is. Tegelijk vraag ik me af, hoe komt dat eigenlijk? Misschien omdat het voor mezelf zo een waanzinnige ontdekking was. Een echte eyeopener. Dit besef heeft me destijds wakker geschud, mij de kracht gegeven om de wereld door andere ogen te zien en uiteindelijk een ontzaglijke vrijheid geschonken. Ja, dat is wat ze ontketend heeft. En ik wil dat veel mensen dit mogen beleven.

Ondertussen ben ik wat gekalmeerd. Dus terug naar de situatie in die opleiding. Het was een kennismakingsopleiding, dus ondanks dat het werken rond kern-overtuigingen hier veel soelaas gebracht zou hebben, was dit nu niet op zijn plaats. Het doel was het aanleren van de vier stappen en een idee geven van Eerlijk Uiten en Empathisch Luisteren. Met dit doel in gedachte, bied ik het beste alternatief dat ik kan bedenken en zeg: "We zijn nu bezig met een rollenspel in een oefensituatie. Er is geen echt kind en we zijn er allemaal om je te ondersteunen. Er kan eigenlijk niets fout lopen. Ik nodig je dus uit om even te doen alsof het perfect normaal is dat jij behoefte hebt aan gemak. Stel je voor dat het allergewoonste op de hele wereld is, dat jij het jezelf graag gemakkelijk maakt, net zoals anderen dat voor henzelf zouden willen. Ben je bereid om dit uit te proberen?

Hij knikt en gaat terug naar het grondanker 'observatie'. Nu staat hij kaarsrecht. Hij spreekt met luide, duidelijke en krachtige stem: "Wanneer jij weigert je trainingsbroek aan te trekken, ben ik vervelend, want ik wil het graag gemakkelijk hebben. Ik wil graag plezier maken. Kan je alsjeblieft je trainingsbroek aan trekken zodat we buiten kunnen spelen?" Het kind antwoord: "OK!"

Deze OK kwam zo snel en natuurlijk. Ik was verrast en informeerde. De vrouw die de rol van kind speelde vertelde:" Wel, het is zo simpel, ik wil het ook graag gemakkelijk hebben."

Terwijl ik dit verhaal schrijf zit ik in de tuin. Mijn moeder zit wat verderop gehurkt terwijl ze onkruid wiedt. Ik klaag over vier insectenbeten die ontstoken en hard zijn. Ze veert recht en haalt me ogenblikkelijk een verzachtende zalf. Terwijl ze me die aanreikt zegt ze: "Ik kan je nu niet insmeren want ik heb handschoenen aan. Maar als je toch je handen eraan vuil maakt, kan je dan die steek op mijn arm ook mee insmeren?" Zelf was ik te lui om de zalf te halen, wat een passend voorbeeld!

Respect – Dat ken ik!

Ik ben een tienjarige jongen die opgroeit in de Rosse Buurt en dat is ook waar we naartoe gaan voor lunch. Mijn vrienden en ik gebruiken echt kwetsende woorden om elkaar te beledigen. Onze beledigingen zijn zo erg, dat de dienster ze niet kan uitspreken. Met de beste wil van de wereld lukt het haar niet om ze over haarlippen te krijgen. Nu oefenen we in een opleiding Eerlijk Uiten. De dienster wil me haar wereld laten ervaren, hoe het voor haar is, als ze die woorden van mij en mijn maten hoort. Ze staat op de observatie kaart. In mijn trainerrol vraag ik haar: "Wat zei hij dan?"

Ze antwoordt: "Hele vuile woorden. Ik kan ze niet luidop zeggen." Het lijkt erop dat ze het er echt moeilijk mee heeft om ze uit te spreken. In mijn rol van de jongen zoek ik iets "heel vuil" en check af: "Eikel?" Ze zegt: "Nog veel erger." "Pedo!" – zeg ik veel luider. We zijn akkoord dat dit woord goed genoeg is voor de oefening.

Ik kruip in de rol van de jongen en roep in de hal: "Pedo!" De tussendeur is open en vanuit waar ik zit, kan ik naar buiten kijken. Ik roep het echt luid zodat mijn kameraad buiten me kan horen. Hij is vast en zeker buiten en ergens hoop ik dat hij me hoort. Ik zit hier namelijk helemaal alleen, net zoals in een rechtszaal. Ik voel me onzeker, alhoewel ik dat nooit zou toegeven. Ik kan wel wat extra zelfzekerheid gebruiken en rugdekking zou ook tof zijn. Ik wil gewoon zeker zijn dat hij daarbuiten is en even duidelijk maken dat wij samenhoren. Daarom gebruik ik één van onze codewoorden. En in mijn verbeelding antwoordt hij.

De dienster gaat naar de volgende kaart: het gevoel en ze zoekt in haarzelf. In mijn rol is dat raar, jongens zijn nooit bang. Angst is zwak en jongens zijn sterk. Ik had dit al lang door! Dus roep ik nog wat luider, steeds opnieuw en elke keer word ik sterker, krachtiger en veiliger. Uiteindelijk zegt ze iets: "Dat is zo walgelijk. Ik voel walging." Ik schrik ervan. Het verrast me compleet. Ik had verwacht dat ze zou schelden, me iets duidelijk wou maken of een moraalpreek zou geven. Neen, in plaats daarvan voelt ze walging? Ik ben sprakeloos. Hoe is dat mogelijk? Hoe kan het dat onze woorden walging veroorzaken bij haar? Dat is zo raar! Ik geloof haar wel, haar hele lichaamstaal beeldt het uit. Maar het klopt totaal niet met de woorden die we gebruiken. Ik ben echt verrast en het maakt me nieuwsgierig. Ik wil het echt weten dus vraag ik het haar.

Ze stapt naar de volgende kaart en daar wordt het nog gekker voor mij. Ik voel een sterke drang om één van onze codewoorden te gebruiken maar ik bedwing me. Ik wil haar niet nog meer walging bezorgen. Onze dienster is best OK. Eigenlijk vind ik haar tof. Zij is één van de goede. Dat is waarom ik absoluut niets wil doen dat haar doet walgen. Dat ze moet walgen is echt niet mijn bedoeling. Ze blijft zeer lang op die kaart staan en ik wil weten hoe dat komt.

Dus ik kruip even uit mijn kind-rol en ga terug naar mijn trainer-rol om haar te helpen haar behoefte te vinden: "Zou het over respect kunnen gaan?" Ze antwoordt: "Ja, waarschijnlijk wel." "Vertel het me dat dan."

Ik kruip terug in de rol van het kind. Ze zegt: "Het gaat over respect." Nu spreekt ze zo krachtig, het lijkt uit haarzelf te komen. En nu begrijp ik waarover ze het heeft. Respect, dat ken ik. De allereerste regel bij het voetbal is: RESPECT. Ook onder mijn maten is het de belangrijkste regel: Respect! Ik versta dat, en hé, , respect is een erezaak. Ik ben nu met volle aandacht aanwezig en zeg haar dat het nooit mijn bedoeling was iets te doen dat onrespectvol was naar haar toe. Ik wil trouwens moeite doen om haar respectvol te behandelen. Tegelijk kan ik niet beloven dat het steeds zal lukken maar ik ben bereid het te proberen. We zijn het namelijk zo gewoon om onze codewoorden te gebruiken. Het is een gewoonte geworden voor mij en het voelde zo goed. Het was onze eigen taal. Met die woorden laten we zien dat we bij elkaar horen. Samen voelen we ons dan sterker. Helaas kan ik haar dit niet meer vertellen want het rollenspel is voorbij wegens de lunchpauze. Nadien doen we andere oefeningen.

Dus wat is dan de essentie hiervan? Als je wil dat anderen luisteren naar je, praat vanuit jezelf. Toon jezelf, laat je zien in plaats van je te verstoppen achter regeltjes of uitdrukkingen als "Zoiets zeggen we hier niet." Het kostte de deelnemer veel moed en moeite om haar gevoelens en behoeften te verwoorden. Ze werd erdoor beloond met nieuwsgierigheid, openheid en de bereidheid om begrepen te worden. In plaats van dovemansoren, één oor in, ander uit. Verder hielp het mij als kind ook dat ze een woord gebruikte voor haar behoefte dat ik begreep. Het kwam namelijk voor in mijn jongenswereld en dat woord had trouwens grote waarde voor me. 'Bedachtzaamheid' zou wellicht niet hetzelfde effect gehad hebben, dat was meer iets voor meisjes. Meisjes zijn bedachtzaam en ze zijn er goed in. Maar 'respect' dat is mijn terrein!

Op metaniveau betekent dit: als ik begrepen wil worden door de andere persoon, helpt het om in diens schoenen te gaan staan en een beeld te schetsen van wat in mij omgaat, een beeld dat begrijpbaar en herkenbaar is voor die ander en dat voor die ander dezelfde betekenis heeft. Dit is zo veel effectiever dan van de ander te verwachten om zich in mijn wereld in te leven. Vooral voor een kind dat mijn wereld en bijbehorende woordenschat niet kent, gezien het minder ervaring heeft in het leven.

Blauwe plekken

We bevinden ons als trainers in een seminarie. Er bestaat een jeugdinstelling voor tieners met leerstoornissen. één van hun toezichtsters zou graag een rollenspel willen doen om een dialoog aan te gaan met twee 13 jarige jongens. Elke dag kwetsen ze elkaar namelijk. In het beste geval hebben ze enkel wat blauwe plekken maar soms is er ook bloed en veel traantjes. Als de situatie op te lossen is met wat pleisters noemen ze dat een 'goede dag'. Het feit dat ze elkaar zo kwetsen doet de toezichtster veel pijn. Toch gelooft ze erin dat de jongens elkaar best wel mogen.

We kiezen ervoor om te starten met zelfempathie om te weten wat er in haar leeft. Ik nodig de hele groep uit haar te helpen met het ontdekken van haar gevoelens. Deze methode heet een 'empathie-cirkel'. Elke deelnemer/-neemster focust op zichzelf en kijkt wat deze situatie of dit gedrag oproept in hen. Hoe zou ik me voelen moest ik de toezichtster zijn en wat zou ik dan nodig hebben? Vervolgens bieden we de toezichtster onze bevindingen aan in de vorm van vragen. Dit doen we vanuit een intentie van oprechte nieuwsgierigheid, gedragen op de overtuiging dat alles wat we doen dient om behoeftes te vervullen. Zo gaan we op zoek naar deze waardevolle schatten. Het doel is ondersteunen, oefenen en leren. De vraagstelling wordt geformuleerd als: "Ben je (… gevoel), omdat (… behoefte) belangrijk is voor je?" Wat we hiermee aanbieden kan overeenstemmen met wat er echt leeft, of ook niet. In dat laatste geval vragen we door tot we een overtuigende 'ja' terugkrijgen. Als we uiteindelijk tot de kern geraken gaat dit in mijn ervaring vaak gepaard met zichtbare opluchting en een diepe zucht van verlichting. De betreffende persoon vind dan rust. We kunnen dan de duidelijkheid nog even aftoetsen: "is er nog meer?" of: "is dat waar het om gaat?"

In ons voorbeeld ontdekten we dat de toezichtster een sterke behoefte om te begrijpen had. Ze wou echt kunnen vatten waarom de jongens elkaar kwetsen, wat hun motieven konden zijn, vooral omdat ze bereid waren er zo een fysiek pijnlijke prijs voor te betalen. Uit de groep kozen we twee vertegenwoordigers die de rol van de jongens voor hun rekening namen. De drie gingen zitten, de jongens naast elkaar recht tegenover de toezichtster. Ik ben nog steeds gefascineerd hoe snel mensen in iemands rol kunnen kruipen. De gehele houding, bewegingen, gezichtsuitdrukking en handgebaren van de rollenspelers veranderden. Als ik ze zo stoer zag zitten deden ze me wat denken aan John Wayne. Rechtop zittend op hun stoel, hun schouders eveneens recht, een trotse borst, hun bovenlichamen wat naar elkaar gekeerd, benen wijd en vlak bij de ander, binnen aanraakafstand. Ik nodig iedereen uit om even te focussen op de lichaamstaal van de jongens. Hun houding vertelt namelijk boekdelen en ze biedt me waardevolle benaderingen als we op zoek gaan naar gevoelens en behoeften.

De taak voor de toezichtster is nu om empathie te tonen voor de jongens. De rest van de groep is er om haar daarin te ondersteunen. We doen een poging: "Jullie zien er erg op je gemak uit, klopt dat?"

"Yep."

"Ergens stralen jullie heel wat kracht uit. Voelen jullie je sterk en krachtig op dit moment?"

"Ja hoor, alsof niemand me iets kan doen. Ik heb alles onder controle."

"Ik zou het met jullie willen hebben over de kwetsuren die jullie elkaar aanbrengen. Dat is zo vreemd voor mij. Jullie doen dat keer op keer en ik vraag me af: Omdat jullie dat zo vaak doen, wat haal je daar dan uit?"

"Wel, weet je, het is allemaal niet zo erg hoor, het is gewoon een spelletje!"

"Is het misschien een ritueel, zoals handen schudden wanneer je iemand tegenkomt?"

"Ja, exact."

Door nog verder na te vragen ontdekten we, dat dit gedrag eveneens een goede strategie is om elkaars kracht te tonen. En ergens op een vreemde manier bevordert het zelfs het vertrouwen. Het biedt me de gelegenheid om mijn kracht te tonen in de overtuiging dat de ander me aankan en dat we desondanks toch vrienden blijven. Het heeft ook te maken met fairness en gelijkwaardigheid. – je bent aan me gewaagd in schril contrast met mijn klein broertje. En verder, dit is heel normaal hoor, zo is het leven!

Dit gezegd zijnde begon de toezichtster te praten over wat dit alles met haar deed, hoe triest ze ervan werd dat zinloos geweld zo normaal was voor sommigen. Ze zegt dat ze weigert de jongens op te geven omdat ze hen echt graag heeft. Ze is ervan overtuigd dat er andere strategieën zijn om al die mooie behoeften in te vullen, zonder elkaar pijn te doen. Ze spreekt ook haar diepe verlangen uit, om deze vicieuze geweldscirkel die nu al generaties voortraast, te doorbreken zodat er eindelijk eens iets ten gronde kan veranderen. De jongens reageren met verbazing: "Echt? Is dat mogelijk? Hoe dan?"

Ik ben zo blij met deze aanpak. In plaats van: "Jullie moeten ophouden met elkaar pijn te doen of anders (straf of beloning)." Deze andere aanpak met gevoelens en behoeften past zo veel meer in de wereld waarin ik leven wil.

In het echte leven zou dit het moment zijn waarop de zoektocht naar alternatieve oplossing zou beginnen. De toezichtster zou tips en advies kunnen geven wat zij in gedachte had, misschien zelfs een strategie die ze zelf gebruikt. Belangrijk is wel te onthouden dat we met jongens te maken hebben, niet met meisjes. Misschien is er iets fysieks dat kan helpen, zolang er maar geen geweld bij komt kijken. De jongens zouden geïnspireerd kunnen geraken door haar suggesties en zelf met ideeën kunnen komen. Ze zouden die dan kunnen uitproberen, dan terug samenkomen om te zien welke strategieën echt werken om alle behoeften te vervullen. En indien niet, verder op zoek gaan naar nog meer strategieën die nog meer behoeften invullen.

Nog een toevoeging hieraan: Ik deel dit verhaal met mijn man. We komen op het punt waarop ik de houding van de jongens beschrijf. Waarop hij zegt dat zulke houding door veel mensen als provocerend ervaren wordt. Ik ben verrast, ik zag het enkel als een statement. Oh boy, nu moeten we hier zitten en praten. Maar dat is niet erg, we overleven het wel. Ik zag die houding eerder als een manier, zelf als een waardevolle strategie, om met het leven om te gaan. Een soort beschermend harnas. En toch, ik kan me inbeelden dat je kracht tonen in combinatie met een beschermend harnas gezien kan worden als provocatie. Mocht dat het geval zijn, dan had de toezichtster nog meer zelf empathie nodig om te ontdekken wat deze houding bij haar opriep. Hierna is ze dan in staat zich open te stellen en de wereld van de jongens te ontdekken met nieuwsgierigheid.

Regeltjes

We bevinden ons in een seminarie waar we oefenen op empathie. We werken met de Empathische Cirkelmethode (zie eerder) en gebruiken situaties uit het ware leven. Deze situatie betreft een meisje, laten we haar Lara noemen. Ze is negen jaar en zit in de middagopvang, waar deze regel geldt: 'niet op de tafels zitten'. De situatie is als volgt: Lara zit op de tafel, de toezichter betrapt haar en verzoekt haar van de tafel te gaan. Lara reageert behoorlijk heftig. Ze snauwt hem toe: "Jij bent echt stom, man!"

De toezichter wil deze situatie aangrijpen om te ontdekken waarom Lara zo heftig reageert. Hij kiest ervoor om zelf de rol van Lara te spelen en snauwt: "Jij bent echt stom, man!" De overige deelnemers bekijken eveneens de situatie vanuit Lara's standpunt en zoeken naar de bijbehorende gevoelens en behoeften. We ontdekten dat ze serieus ambetant is en nood heeft aan eerlijkheid en gerechtigheid. Vooral omdat de toezichter eerder zelf op de tafel zat en alle kinderen hadden dit gezien. Verder geeft Lara mee dat dit gaat over verzet tegen zinloze regeltjes. We probeerden nog tot de kern te komen maar bleven oppervlakkige rondjes draaien. De visuele opluchting bleef uit. In mijn ervaring met soortgelijke situaties is er vaak iets heel dierbaar verstopt op een dieper niveau, dat echt ontdekt wil worden en smeekt om gehoord te worden. Vandaar dat ik doorvraag: "Is er nog meer?"

Lara antwoordt met krachtige stem en massa's energie: "Ja man, ik vind u nu echt wel stom!" De nadruk ligt op het woord 'nu'. In de rol van opzichter herinner ik mezelf om geen aanstoot te nemen aan haar afwijzing, maar eerder mee te gaan op het pad dat ze inslaat. Dus zeg ik: "Oh, dus enkel op dit moment vind je me stom? Daarnaast ben ik wel OK voor jou?"

"Ja man en ik snap niet waarom je nu op mijn kap zit! Meestal ben je best wel cool."

Nu krijg ik de boodschap dat ze me wel cool vindt. Ze heeft me graag. Ze rekent zelfs op me. Dit zorgt voor wezenlijke veranderingen in me. Plots ontwaar ik kracht in mijn lichaam. Ik wil haar bijtreden. En ik wil ook mezelf bijtreden en mijn eigen waarden verdedigen. Ik doe deze job toch niet om zinloze regeltjes te laten naleven. Neen! Ik koos voor dit werk omdat ik zinvolle zaken wil meegeven aan adolescenten, ik wil hen begeleiden bij het opgroeien, ik wil een rolmodel zijn, richting geven, hen tonen hoe het leven in elkaar zit. Ik wil verbinding met hen. Dat is waarom ik dit doe. De rebel in me is wakker en staat scherp: Wat voor een dom regeltje is dit nu? Wie heeft dit uitgevonden? Waarvoor dient het? Een tafel zoals deze kan makkelijk mijn gewicht dragen, en als het mij kan dragen, dan kan het zeker de kinderen dragen. Ik ga dit rechtzetten in onze volgende vergadering, met alle mogelijke middelen. Ik antwoord haar: "Weet je, ik heb geen idee waarvoor dit regeltje dient. En ik ben volledig akkoord dat het stom is en dat ik stom ben als ik dat regeltje afdwing. Dat is me nu wel heel duidelijk en ik ga het aankaarten met de anderen op onze volgende vergadering. En als ze niet met overtuigende redenen komen voor deze stomme regel, dan sta ik erop dat die afgevoerd wordt. Hoe klinkt dat voor jou?"

"Cool. Echt cool! Bedankt man."

Wat scheelt er met de mier?

Bij een rollenspel speel ik een meisje van ongeveer vier jaar oud. De situatie: mijn tante had gezien dat ik een mier gedood heb en wil er met mij nu over spreken. Ik zit op de grond en kijk naar de mier. Mijn tante komt op me af en gaat empathisch naast me zitten. Ze wil de wereld door mijn ogen zien. Eerder hoorden we dat ze me echt wel mocht en dat ze me wil steunen. Ze leeft volgens enkele bijzondere waarden en ze wil die graag aan mij doorgeven. Voor haar is het zowaar een levensopdracht in de zin van: "Het leven is waardevol, het wil beschermd worden om in leven te blijven." (Positieve verwoordingen zijn zoveel meer helpend dan "je mag niet doden!" omdat die positieve verwoordingen richting geven in plaats van "dat heb je fout gedaan!")

Ze wil verbinding met me en ze zegt: "Hmm, de mier beweegt niet meer." Dat komt overeen met mijn realiteit, want ik zit hier al een tijdje, ik wacht tot de mier terug beweegt. Ik zeg: "Ik heb geen idee wat er mis is. Daarjuist was ze nog iets keigroot aan het dragen, vele keren groter dan ze zelf was. Ik dacht toen: dat is toch veel te zwaar voor jou. Ik wilde haar helpen. Dus heb ik de zware last van haar rug genomen en sindsdien beweegt ze niet meer."

Ik kijk naar mijn tante met grote verwachtingsvolle ogen. Ik begrijp de wereld nog niet zo goed en ik wens dat mijn toffe slimme tante die alles weet, me zou helpen en uitleggen wat er gebeurd is zodat mijn wereld terug OK is. Ze kijkt naar me met tranen in haar ogen en ik wil graag weten hoe dat komt. Want tranen betekenen meestal dat het niet goed gaat met iemand en dat is niet tof. Maar deze tranen zijn precies andere tranen, op één of andere manier zijn ze wel OK. Ze zegt: "Ik vind het zo mooi dat je ze helpen wou., Het is zo hartverwarmend dat er tranen uit mijn ogen komen." Oef, het is echt een opluchting om dat te horen. Ik heb iets goeds gedaan en ik ben belangrijk en waardevol voor haar. We knuffelen elkaar lang en innig. Ik voel me geborgen en veilig.

Na een tijdje realiseer ik me dat ik nog steeds niet weet wat er mis is met de mier. Dus ik vraag het aan mijn tante. Ze antwoordt: "Weet je, ik denk dat de mier stuk gegaan is toen je haar wou helpen. En nu leeft ze niet meer." "Is ze dood?" wil ik weten. "Ja" zegt ze. "Maar dat is helemaal niet wat ik wilde!" Ik voel een druk in mijn maag. Dit is geen goed gevoel. Ze vraagt: "Ben je verdrietig?" Ja, wellicht is dat het gevoel. Ik wou de mier juist helpen en nu beweegt ze niet meer. Dat is niet tof. 'Verdrietig' is hoe ze dat dus noemen. Ja dat zou het kunnen zijn.

En dan verklaart mijn tante dat mieren hele sterke kleine diertjes zijn. Ze kunnen dingen dragen die vele malen groter en zwaarder zijn dan henzelf. Je kunt beter gewoon toekijken, want ze kunnen het best wel alleen hoor. Ze kunnen stuk gaan als je de last over wil nemen en hen te hard duwt.

Dat is tof, nu weet ik hoe het in elkaar zit en kunnen de mieren verder ploeteren.

Hoe was het op school?

Het is vrijdagochtend in mijn oefengroep. We hebben gekozen om te werken rond de situatie van één van de deelneemsters. Haar dochter is 14 en ze komt thuis van school. Moeder vraagt: "Hoe was het op school?" Het antwoord is: "OK", en ze verdwijnt in haar kamer. Deze situatie is me zeer wel bekend en dat maakt het zo makkelijk om in de schoenen van de moeder te gaan staan. En als ik dat doe voel ik die pijn, ergens rond mijn hartstreek, soms wat lichter, soms wat erger, afhankelijk hoe vol mijn "zelfliefdetank" op dat moment is. Als ik er woorden op zou moet plakken zou het klinken als: ik voel ontgoocheling want ik heb een verlangen naar samenzijn, naar nabijheid en contact. En dat blijft dus uit. Soms kwetst het echt. Ik onderdruk gedachten die zeggen: "Ze geeft niet om me. Ik tel gewoonweg niet meer mee." Ik wil zo dolgraag deel uitmaken van haar leven. Soms voelt het verdrietig en eenzaam. Deze twee gevoelens boren een diepere laag aan en terwijl ik dit schrijf, merk ik dat ik me zelden toesta deze te voelen in het dagelijkse leven. Misschien omdat ik de indruk heb dat ik met die andere lichtere gevoelens makkelijker overweg kan. Nonsens, maar dat is een ander verhaal.

Terug naar onze oefengroep. We starten met empathie voor de moeder. Ik bied haar mijn inzichten aan. Ze herkent zichzelf erin en wil echt wel betrokken worden in de wereld van haar dochter. Ik stel voor dat ik de rol van de dochter speel en de moeder stemt toe. Dus ik ben 14, terug thuis van school en daar kom ik mijn moeder tegen. Ze vraagt: "Hoe was het op school?" en ik zeg: "OK" en keer me een beetje weg. Mijn focus gaat naar binnen en laat de gebeurtenissen van de dag voor mijn ogen de revue passeren:

De dag was vrij normaal, zoals gewoonlijk. Veel leerlingen, veel lawaai, vooral de jonge leerlingen zijn echt wel luid. Tijdens de lessen: stilzitten, niet te hard opvallen, vooral niet in negatieve zin, de leerkrachten niet irriteren maar wel aanwezig zijn, juist genoeg zodat ze weten dat ik er ben. Dat is belangrijk voor het mondelinge examen. Doen alsof de leerstof me interesseert. Alle emotionele impulsen zoals frustratie of boosheid onderdrukken. Vooral niet tonen dat ik me dood verveelde. Al mijn spullen terug inpakken op het einde van elke les. Lopen naar het volgende lokaal. Ellendig lang aanschuiven voor de koffiekoek aan het winkeltje. Twee leerkrachten ondervragen ons. Ik voel me angstig, gaan ze op mijn kap zitten of niet? Ik had geluk vandaag, iemand anders kreeg de volle laag - en die ging er behoorlijk goed mee om . Bij Wiskunde was ik zoals gewoonlijk compleet niet mee. Die leerkracht is niet in staat om ook maar iets uit te leggen. Toch niet op een manier dat ik het zou kunnen verstaan. Heel vervelend, maar business as usual. Tijdens Godsdienst speelde ik poker. Sommige vriendinnen dachten dat we toets hadden vandaag. Ik was overtuigd van niet en uiteindelijk had ik gelijk. Godzijdank! Ik had nauwelijks naar mijn notities gekeken tijdens de pauze ervoor. De leerkracht Engels maakte een woordgrapje en slechts weinigen hadden het door. Wat hebben we gelachen. Ik hou wel van Engels, ik ben er echt goed in. Dan heb ik een poging gedaan om mijn verjaardagsfeest te organiseren met mijn vrienden. Ik vroeg wat ze wilden maar kreeg geen duidelijk antwoord. Dat is echt vervelend. Op weg naar huis had ik geluk, ik heb een zitplaats op de bus kunnen bemachtigen. Dat was mijn dag zo een beetje. Niets speciaals, niets vermeldenswaardigs, gewoon "OK". Nu ben ik blij dat ik eindelijk thuis ben. Ik wil de schooldag snel achter me laten. Chillen, relaxen, eindelijk een beetje rust. Straks zal ik mijn huiswerk maken en wat oefenen op de piano. En ergens daartussen wil ik graag een beetje leven en dingen voor mezelf doen. Iets tofs graag, waar ik van kan genieten. Ik bekijk mijn moeder. Oh, shit, ze ziet er gespannen uit. Telkens als ze er zo uitziet, wil ze gewoonlijk iets van mij. Dan hebben we oeverloos lange gesprekken en probeert ze die NVC dingen uit en praten over gevoelens en behoeften en daar moet ik dan rekening mee houden. Dat komt me niet uit.

Ik stap uit de rol van het meisje, sta recht en ga naast de stoel staan waarop ik zojuist zat als de dochter. Ik vertel wat ik juist ervaren heb. We besluiten dat een conversatie op dit moment geen enkele zin heeft. In plaats daarvan stellen we ze uit tot de gemoederen wat bedaard zijn. Ik ga terug op de stoel zitten en kruip terug in de rol van dochter. Moeder zegt: "Wanneer je thuiskomt van school, wil je misschien dat ik je met rust laat zodat je even alles achter je kan laten?"

"Ja."

"En als je me dan hoort vragen hoe het was op school, vind je dat dan vervelend?"

"Het is vervelend als je blijft doorvragen. Als ik zeg dat het OK was, dan was het OK. Ik wil gewoon dat je me daarin geloofd. Dat is alles. Ik kan het wel aan hoor. Ik ben geen baby meer. Ik wil niet dat je je ermee bemoeit en naar de leerkracht gaat of zo. Ik kan het perfect zelf aan, weet je?"

"Ik hoor dat je zelf de dingen op school wil aanpakken en dat je wil dat ik me daar niet mee bemoei."

"Ja, dat is het. Het is al erg genoeg dat ik geïrriteerd ben door school. Het helpt echt niet als jij je er ook nog eens in opjaagt. Want dan maak je het alleen maar erger. Zeker als je naar een leerkracht gaat, dat is zooo gênant. Het is als toegeven dat ik hulp van mijn moeder nodig heb omdat ik het alleen niet aan zou kunnen. Dus, zou je dat niet meer willen doen?"

Ik kruip opnieuw uit de rol en vraag hoe dit landt voor de moeder. We ontdekken dat ze nu klaar is om de relatie met haar dochter anders in te vullen. Het zal veel vertrouwen vragen maar ze wil echt wel proberen los te laten. En dat is wat ze uiteindelijk ook letterlijk tegen haar dochter zei: "Ja, ik denk dat ik dat kan. Het is belangrijk dat je inderdaad je eigen ding kan doen en daar trots op kan zijn. Het is mijn rol om je daarin te vertrouwen. Ik ben echt bereid om dit te doen, maar ik kan niet garanderen dat het altijd zal lukken. Als ik mezelf erop betrap dat mijn moederinstinct weer opspeelt, wil ik voorzichtig aftoetsen of ik genoeg vertrouwen heb. En als dat niet zo is, ga ik het je laten weten zodat we samen kunnen uitdokteren hoe we dat oplossen. En ik wil dat je weet dat ik er altijd zal zijn voor je, wat er ook gebeurt. Ik wil je steeds steunen op alle mogelijke manieren. Hoe klinkt dat voor jou?"

"Goed. Ik ben echt tevreden. Samen kunnen we dit aan. Jij houdt je aan jouw afspraak en ik aan de mijne. En als één van ons hulp nodig heeft, dan krijgt ze het. Dat klinkt zoveel beter dan Mama zal het wel voor me oplossen."

"Ja dit klinkt meer zoals gelijkwaardigheid, beter dan alles voor je op te lossen."

Na een korte pauze voegt moeder nog iets toe: "Er is nog iets wat ik je wil vertellen. Ik heb nog steeds interesse in je en wil graag meer betrokken worden bij je dagelijkse leven. Wat je bezighoudt, wat je meemaakt, die kleine dingen. Zelfs als ze niet zo bijzonder of vermeldenswaardig zijn. Ben je bereid die kleine dingen te delen?"

Ik ben verrast. "Maar mama, jij vertelt me toch ook niet van die dingen!"

"Dat klopt, daar heb je gelijk in. Ik besef dat ik het zelf niet doe en vraag me af hoe dat komt. Er gebeurt niet zoveel in mijn leven, wil je ze desondanks toch horen?"

"Als ik tijd heb, wil ik ze graag horen. Nu past me bijvoorbeeld." En moeder begint te praten over de kleine dingen die ze deze ochtend heeft meegemaakt. Hoe ze haar collega heeft geholpen, alle ideeën die ze had over wat voor eten ze ging klaarmaken vanavond en hoe het was om inkopen te doen voor de ingrediënten. En dat het hectisch werd toen haar vriendin belde... en op een magische wijze ontstond ruimte uit het niets. Ruimte voor de kleine dingen. Niets speciaals of opwindends en toch mooi. Al die kleine schatten, die ze meegemaakt heeft. En toen de moeder gedaan had en even pauzeerde nam de dochter over en vertelde haar verhaal. Kleine schatten ... en alle aanwezigen wentelden zich in verbazing hoe waardevol de kleine dingen in het leven kunnen zijn, als ze de ruimte krijgen.

Later diezelfde dag, toen mijn dochters Elia en Marie van school thuiskwamen, zaten we op het terras voor het avondeten. Ik vertelde wat ik meegemaakt had in de oefengroep en sprak over de magische ruimte die was ontstaan was. De borden waren al lang leeg en we waren nog niet uitgepraat over de kleine dingen die we allemaal meegemaakt hadden, toen mijn moeder naar het terras kwam met een vraagje. Ze woont op de benedenverdieping van hetzelfde huis. Ik nodigde haar uit om erbij te komen zitten. Meestal blijft ze niet, ze wil ons liet storen en gaat dan onmiddellijk weg. In het beste geval zit ze even op het puntje van een stoel, klaar om bij de minste opportuniteit op te veren en te verdwijnen. Maar deze keer niet. Die dag zat ze voluit op de stoel en leunde zelfs achterover. Iedereen was verbaasd. En toen begon ze te vertellen over haar kleine waardevolle dingen...

Sinds die dag ben ik erg veel bezig geweest met het on-
derwerp 'ruimte': ruimte nemen, ruimte geven, ruimte
creëren, ruimte innemen, ruimte vrijmaken, ruimte toe-
staan, ruimte gunnen. Heel spannend!

Jullie zijn zo een leugenaars

We bevinden ons op een intensief seminarie van negen dagen. In groepjes van drie zitten we in een weide op een deken onder een appelboom vol rijpe appelen. Een krachtige, magische plek met een mooi uitzicht in de verte.

Een deelneemster wil graag rond haar onderwerp werken en wij willen haar ondersteunen. Ze vertelt ons wat ze allemaal had uitgespookt als tiener, dingen waar ze zich nog steeds over schaamt. Zo erg dat ze dat deel van haar leven verdrongen had, ver weggestoken. Ze had zichzelf verloren in mannen, drugs en alcohol veel meer dan ze zelfs nu wil toegeven. Hier en nu in het heden, aanwezig op deze krachtige plaats, is ze klaar om dit deel van haar leven onder ogen te zien. Ze hoopt dat ze wat vrede kan vinden over wat ze toen ervaren had. We stemmen in met een rollenspel, zij kiest om te observeren. Ik kruip in haar rol als 20-jarige. De derde persoon van ons drietal zal proberen mijn wereld te begrijpen. Ik ben nu 20 jaar. Ik keer me af. Ik ben echt pissed off en voel walging. Ik hoor haar vragen: "Ben je bereid me te vertellen hoe het nu met je gaat?"

"Absoluut niet!"

Stilte. Ze doet verdere pogingen die aan me voorbijgaan. Ik ervaar ze als betekenisloze achtergrondruis. Toch houdt ze vol. Ze blijft me bestoken met haar vragen. Er gebeurt iets binnen in me. Dit is nieuw, ergens zelfs grappig, vooral omdat er toch niemand zich in mij interesseert. Ik snauw haar toe: "Niemand geeft toch een reet over hoe ik me voel!" en ik keer me weer af van haar. Toch houdt ze vol me te bevragen. Ik geraak in de war en dit maakt me nieuwsgierig. Ik was overduidelijk en toch blijft ze doorvragen. Ik voel wat spanning, ik blijf sceptisch, zou ze echt in mij geïnteresseerd zijn? Een sprankje hoop ontstaat. Dat zou nog eens tof zijn, als er zich iemand in mij zou interesseren en toch, tegelijkertijd twijfel ik er sterk aan.

De deelneemster wiens case dit is, staat plots recht en stapt in het rollenspel. Eerder lag ze afzijdig te observeren. Nu kijkt ze me recht in mijn ogen. Dit verandert alles, nu is ze veel geloofwaardiger. Ik ben totaal overdonderd. Met goed oogcontact zegt ze: "Ik wil het echt weten. Ik ben geïnteresseerd in je." Ik smelt helemaal, ben nog steeds wat sceptisch, maar dan zachter. Zacht genoeg om te zeggen: "Alles is toch gelogen." "Wat bedoel je met 'gelogen'?"

Ik schreeuw het uit: "Jullie doen alsof jullie wereld zo geweldig is en jullie verwachten van mij dat ik me ernaar gedraag. Dat kan ik niet! Er zijn zoveel dingen fout en dat vind ik verschrikkelijk. En toch blijven jullie volhouden dat de wereld zo mooi is en alles OK is terwijl ik duidelijk zie dat het gelogen is. Jullie liegen allemaal. Je liegt zelfs tegen jezelf. Zo iemand wil ik nooit worden."

"Dus dit gaat over eerlijkheid?"

"Jahaa! Als tenminste iemand van jullie de moed had te zeggen: "a, dat zit fout", "Ik ben ongelukkig", k ben verdrietig of "Ik weet het ook niet meer." Dat zou eerlijk zijn. In plaats daarvan beweren jullie dat dit de wereld is en dat ik me er maar bij moet neerleggen. Me aanpassen en meegaand zijn. Maar ik weiger me erbij neer te leggen, snap je?"

Ze antwoordt met luide stem: "Ik hoor dat je een eerlijk antwoord wil, de waarheid over hoe we ons echt voelen. Klopt dat?" Ik schreeuw terug: "JAAA, heb je het nu eindelijk door!?!"

Ze spreekt nog steeds met luide stem en ik geniet ervan omdat we nu samen in dezelfde energie zijn. "Trouwens, ik ben wel blij dat je er nog bent. Dat je er niet vandoor gaat zoals alle anderen wanneer ik begin te schreeuwen en met deuren te slaan."

Ze antwoordt: "Is het zo een opluchting voor je, om in alle intensiteit te kunnen zeggen hoe het voor je is en dat er iemand gewoonweg aanwezig is die dat aankan?"

"Ja, ik ben er zo woedend over dat ik schreeuw, zo ben ik op mijn eerlijkst, snap je?"

"Ja, ik zie dat je woedend bent en moedig genoeg om het toe te geven, te tonen en te schreeuwen. Dit ben jij op je eerlijkst die opkomt voor wat jij belangrijk vindt." Dit kalmeert mij enigszins. "Klopt. En het is goed dat je niet vlucht of bang van me bent. Dat is echt goed, anders denk ik dat er met mij iets fout is, dat ik raar ben of zo, snap je?"

"Ik kan me voorstellen dat jij je vrij eenzaam moet voelen."

"Ja, en heel fout ook!"

"En nu voelt het goed te weten dat er iemand is die er tegen kan?"

"Absoluut!"

Op dit moment dat de deelneemster wiens case het is, uit het rollenspel en zegt: "Ik wil dat je weet dat ik het nu begrijp."

"Wat begrijp je dan?"

"Ik snap dat je eenzaam en boos was. Indertijd voelde ik me inderdaad boos en heel eenzaam. Mijn moeder slikte alles wat ik deed of zei en dat was absoluut niet OK voor mij. Het maakte me woedend en gaf me nog meer rebelse kracht. Die kracht voel ik nu nog steeds. Ondertussen heb ik er wel mee leren omgaan. Maar toen voelde ik me eenzaam en alleen. Ik voelde me als een alien, want ik kende niemand die zich ook zo voelde. Het is echt triest te beseffen dat ik niet wist dat ik eenzaam was. Ik deed domme dingen om daaruit te geraken, want dat was het beste dat ik toen kon bedenken. Dankjewel om me dat duidelijk te maken. Nu begrijp ik dat het OK was om zo te zijn. Niet goed natuurlijk, maar ook niet slecht, gewoon OK, ik was OK. Dat voelt nu vrediger aan. Dit is de eerste stap om hiermee om te gaan. Er zullen zeker nog veel stappen nodig zijn. Op dit moment is het genoeg.

Toen we terug naar het seminarie stapten, vertelde ik over mijn dochter. Ergens in haar puberteit kwam ze naar me toe en vroeg me of ik gelukkig was. Onmiddellijk borrelden de vragen in mijn hoofd op: "Doe ik wel genoeg om gelukkig te zijn?", "Welk voorbeeld leef ik voor?"', "Zorg ik wel genoeg voor mezelf?" Totdat het me daagde dat ze het wellicht over zichzelf had en toen vroeg ik: "Hoe bedoel je?" Ze zei: "Wel, als je gelukkig bent, doe je de dingen zoals jij het wil." Ik voelde opluchting. We hadden toen een lang gesprek. Ik vertelde haar over de beslissingen die ik in mijn leven genomen had waarvan ik, tot op de dag van vandaag, nog steeds tevreden over was. En ook over beslissingen die ik vanuit hedendaags standpunt anders zou doen.

Zie je af?

We waren nog maar eens in een meerdaags semi-narie. Een deelnemer had om een individuele ses-sie gevraagd. Haar onderwerp: Haar partner on-derging depressieve fases. Telkens als dat gebeurde trok hij zich terug en wou niemand meer zien, zelfs haar niet. Ze zag ervan af en voelde zich machteloos. Ze zou niets liever willen dan hem steunen maar vond geen enkele manier om dat te doen. Telkens als ze het met hem erover wou heb-ben, ontweek hij het onderwerp. Nu zoekt ze ant-woorden voor haar vragen en vroeg mij om zijn rol aan te nemen. Ik was bereid om haar mijn waar-heid te vertellen.

Ik start: "Wat wil je van me weten?"

Ze zegt: "Hoe voel je je, als je - je weet wel...?"

"Heb je het er lastig mee om 'het' uit te spreken?"

"Ja, het is precies een 'Wij gebruiken dat woord hier niet', een taboe. Iets dat niemand luidop zegt. En er is nog iets: ik geloof als je het luidop zegt, dat je het dan de realiteit gunt, dat het dan echt wordt. Dan is het de waarheid. Als het onuitgesproken blijft, is het precies minder bedreigend en mis-schien ook makkelijker om terug te onderdrukken. Interessant, ik was me daar nog niet van bewust."

"Wil je dat aspect nog wat verder uitdiepen?" vroeg ik haar.

Ze koos ervoor om in het rollenspel te blijven en antwoordde: "Neen dank je, ik zou liever weten hoe het voor je is als je in één van je fases zit."

Ik neem even de tijd om naar binnen te keren en antwoord haar: "Het is eigenlijk best OK hier. Het is rustig binnenin, herkenbaar, het voelt vertrouwd, op één of andere manier voelt het zelfs veilig."

Ze kijkt verrast: "Best OK? Maar ben je dan niet aan het afzien?"

"Neen hoor. Het is eerder alsof er niets is. Geen pijn, geen afzien, geen verdriet, geen angst, geen gevaar, geen zorgen, geen ziekte. Alles is gewoon wat het is. Noch goed noch slecht, gewoon. Dat is alles. Geen gevoelens. Enkel rust, onverschillige rust, niets meer."

"In dat geval, is er ook geen plezier? Dat moet toch pijnlijk zijn?"

"Je hebt gelijk, er is ook geen plezier, maar dat is niet erg. Het is best OK, niet goed en niet slecht. Het maakt gewoon niet uit."

"Maar het moet toch verschrikkelijk zijn om geen plezier te voelen."

"Is het misschien verschrikkelijk voor jou?"

"Ja, het is zelfs al moeilijk om het me voor te stellen. Is het dan niet ongelooflijk eenzaam om helemaal alleen te zijn en niets te voelen?"

"Ja ergens is het wel eenzaam. Er is enkel mezelf, mijn kern en daarrond een gigantische massieve muur die alles buiten houdt. De muur beschermt me zodat ik niet gekwetst kan worden. Al bij al is het zo erg nog niet hoor, het is best OK. Wat hoor je als ik dit zeg?"

Ze heeft even tijd nodig om alles op een rijtje te krijgen en antwoordt dan: "Ik hoor dat je niet afziet. Dat het best OK is voor je, veilig zelfs."

"Ja, inderdaad. En hoe is het voor jou om dat te horen?"

"Fjoew, het is nieuw voor mij. Ja, allemaal nieuw denk ik. Ik dacht echt dat je aan het afzien was en daar had ik het moeilijk mee. Nu dat ik hoor dat het best OK is met je, maakt het wat draaglijker voor me. Ik ben echt opgelucht nu! Kan je me nog meer vertellen?"

"Ja, als ik in een fase zit, is de enige waar ik rekening mee moet houden mezelf. En daardoor kan ik die toestand wel aan. Ik ben er ook gerust in dat die fase vroeg of laat wel overgaat en dat ik het zal overleven. Ik moet het gewoon even uitzitten en dat lukt me zolang ik enkel met mezelf rekening moet houden. Wat hoor je me nu zeggen?"

"Ik hoor dat je er vrij gerust in bent om deze fase te overwinnen en dat je ze enkel moet uitzitten en dat je dat aankan."

"Ja, dat is het. En hoe is dat voor jou om te horen?"

"Veel minder bedreigend, veel beter. Vooral om te horen dat je er gerust in bent om het op je eigen manier te overwinnen. Je gelooft echt dat die aanpak van je werken zal en ik begin er ook in te geloven. Wow! Mijn perceptie is nu helemaal veranderd. Voorheen had ik het er lastig mee. Ik voelde me machteloos, hulpeloos, niet weten wat te doen om je te helpen terwijl je aan het afzien was. Maar nu, wetende dat je niet aan het afzien bent, heb je geen hulp nodig. Ik ben nog steeds verbaasd van dit inzicht. Het zal nog even duren voor ik het helemaal kan binnenlaten. Ik ga mezelf er wellicht herhaaldelijk aan moeten herinneren tot ik het ook echt geloof. Het klinkt zoals: 'Hij doet het beste wat hij kan op dit moment en dat is OK.' Of korter: 'het is best OK.' Of 'Het is wat het is.'"

Haar volledige energie is nu merkbaar veranderd, je kan het zien aan haar ogen die schitteren. De donkere wolken die eerder boven ons hingen, zijn volledig opgelost en maken plaats voor vertrouwen en krachtige energie. "Ik voel me zo energiek nu. In plaats van hulpeloos te zijn, heb ik nu ontdekt dat er wel degelijk iets is wat ik kan doen. Misschien zijn er meer dingen die ik kan doen om het makkelijker te maken voor je?"

In mijn rol voel ik hoe diep deze woorden gaan. Ik word- overmand door een groot verdriet en de tranen lopen van mijn wangen. "Ik hoor dat je echt bezorgd bent en me wil ondersteunen. Dat klinkt als muziek in de oren en tegelijkertijd heb ik het enorm moeilijk om je hulp te aanvaarden. Als ik depressief ben, zie ik mezelf als een last voor de mensen rondom mij. Het kwelt me omdat ik er niet kan zijn voor hen. Alles is volledig uit balans, oneerlijk. Ik heb het er moeilijk mee om je hulp te aanvaarden, omdat ik niet in staat ben om het terug te geven. Ik wil echt een gelijkwaardige partner zijn voor je en tegelijk kan ik niet garanderen dat ik niet opnieuw depressief word.

"Ik hoor dat je verlangt naar eerlijkheid en balans tussen wat we in onze relatie stoppen en wat we eruit halen?"

"Ja, exact."

"OK. In dat geval wil ik je verzekeren dat ik wel degelijk heel veel uit onze relatie haal. Samenzijn met je voedt me op zoveel manieren dat ik wel vind dat mijn geven en ontvangen in balans zijn. In goede en slechte tijden. Ik ben hier en stel je al die vragen omdat je het me waard bent, omdat wij het me waard zijn. Ik geloof in ons en ik wil weten hoe we hier het beste door komen. Ik wil je echt hierin steunen, geloof je me?"

Nog meer tranen vloeien nu, het valt me zo moeilijk dit te geloven. Te geloven dat ik - zoals ik ben - in de staat waarin ik ben - zo waardevol kan zijn voor iemand. "Als je het op die manier zegt, wil ik mijn uiterste best doen, zelfs als ik het lastig heb."

"OK. Kan je me vertellen wat het makkelijker zou maken voor je wanneer je depressief bent? Ik wil echt aan je zijde staan en samen met je erdoor gaan. Wat zou je kunnen helpen?"

"Als ik terug ben, in deze 'normale' wereld, dan voel ik me een mislukkeling. Ik schaam me telkens voor mijn zwakte. En het allerergste is weten dat de mensen die me dierbaar zijn afzien door mijn toestand. Het zou helpen als ik zou weten dat jij mijn depressie ongedeerd overleven zou. Als ik zou weten dat jij niet afziet. Je ziet nu af, toch?"

"Wel, ik zag af tot nu omdat ik dacht dat jij aan het afzien was. Maar vanaf nu kan het anders zijn. Door er meer op te vertrouwen dat je best OK bent, ga ik niet meer afzien. Ik ben bereid om dat te proberen."

"OK. Wat maakt het nog lastig voor je?"

"Je ogen. Ze zijn zo leeg, zo levenloos. Ik kan door je heen kijken. Er resoneert niets meer in. Het is alsof alleen je lichaam hier is en je ziel ergens is afgedreven. Datgene dat je menselijk maakt is eenvoudigweg niet meer aanwezig. Dat maakt me bang. Ik verlies contact en ik weet niet meer hoe ik tot je door kan dringen."

"Je verlangt naar contact?"

"Ja, ik wil graag bij je zijn, en weten dat het OK is om bij je te zijn, dat zou tof zijn. Tot vandaag stuurde je me altijd weg. Ik dacht dat je het vervelend vond als ik bij je was. Klopt dat?"

"Ja, omdat ik je niet mee omlaag wil trekken. Betekent dit dan, dat je bij mij kan zijn zonder dat ik je mee omlaag trek?"

"Ik wil het graag proberen. Ik zou bij je kunnen zijn als ik emotioneel sterk genoeg ben en kan je alleen laten als mijn batterijen leeglopen. Ik zal dan wel iets leuks vinden om ze op te laden. Zou dit je helpen?"

"Ja enorm. En misschien, als je bij me bent, zou je dan mijn hand kunnen vasthouden? Dat zou me goed doen, denk ik. Gewoon bij me zijn, zonder enige verwachting en mijn hand vasthouden. Ik zou je aanwezigheid kunnen aanvaarden en misschien zelfs ervan genieten. Jij kan me komen bezoeken in mijn wereld en gewoon bij me zijn, zonder de drang om me terug in jouw wereld te trekken. Zou je dat voor me willen doen?"

"Ik hou wel van dat beeld. Jij bent in jouw wereld en ik in de mijne. Ik breng je een bezoekje in jouw wereld en dan ga ik terug naar de mijne. Dat is een beeld dat wel kan werken voor me. Ik wil het in ieder geval een kans geven. Heb ik ook begrepen dat jij beslist wanneer je terug in mijn wereld komt?"

"Het voelt niet aan alsof ik de keuze heb. Het is niet aan mij om daarover te beslissen. Het enige dat ik weet, is dat forceren niet helpt."

"OK, dat begrijp ik. Ik moet gewoon iets geduldiger zijn. Er is nog één ding, een brandende vraag: Kan ik er echt op rekenen, dat je op een dag terugkomt? Ben je echt zeker dat je terugkomt? Weet je dat echt? Kan je jezelf daar in vertrouwen?"

"Hoe bedoel je?"

"Kan je me beloven, dat je geen zelfmoord pleegt?"

"Oh, beloven... fjoew, Ik denk niet dat ik dat kan beloven. Die gedachte is al enkele keren gepasseerd, maar daar bleef het ook bij, gewoon een gedachte, geen plannen. Op dit moment, als ik echt eerlijk ben, zou ik liegen als ik het je zou beloven."

"Kan je me dat misschien beloven dat je het me zou zeggen als je er weer aan denkt, zodat we hulp kunnen vinden?"

"Ja, ik zou het op een stuk papier kunnen schrijven. Dat is zeker mogelijk, schrijven kan ik, daar ben ik zeker van. Ja, dat kan ik je beloven."

"Wow. Merci."

Voor een tijdje zitten we in stilte naast elkaar. Dan begint ze te spreken: "Eerder hoorde ik je zeggen dat je je een mislukkeling en zwak voelt omdat je depressieve fases doorgaat?"

"Ja?"

"Er popt juist een nieuw beeld in me op. Ik realiseer me dat voor jou, deze depressie juist een plek van rust kan bieden, om je kracht te hervinden, een oord om je even terug te trekken, een beschermde plek die veiligheid biedt. Hierdoor wordt je depressie een waardevolle strategie. Zoals bij een griep. Mijn lichaam schakelt naar een stand waarbij ik verplicht wordt te rusten. Of het geeft met een duidelijk signaal dat het hoog tijd is om het wat kalmer aan te doen. Begrijp je wat ik bedoel?"

"Ja ik snap het. Alleen kost deze strategie een hoge prijs en misschien is het zinvol om op zoek te gaan naar alternatieve aanpakken om hiermee om te gaan."

"Ja inderdaad." zegt ze. Ze stapt uit het rollenspel en spreekt met nu aan als Gundi: "Ik ga mijn partner vertellen over dit rollenspel. Ik ben klaar om samen met hem hierdoor te gaan en ik geloof er rotsvast in dat we manieren kunnen vinden om elkaar te ondersteunen. Ongelofelijk bedankt!"

Gedoemd tot toekijken

Nog een negendaagse seminarie. Een deelnemer - laten we hem Robert noemen - verzoekt me tot een individuele sessie met hem en zijn nieuwe partner. Ze zijn pril samen en zien er zo gelukkig uit samen. Zijn onderwerp: hij verlangt naar verbinding met zijn 30 jaar oude zoon. Ze zien elkaar zelden en telkens als dat toch gebeurt, is het uitputtend, zoals een dans op een dun laagje ijs. Elk uitgesproken woord draagt het potentieel om misbegrepen te worden terwijl Robert smacht naar echt contact. Ik vroeg wanneer dit begonnen is. Hij antwoordt: "Onze relatie is zo verwrongen sinds mijn vrouw, zijn moeder, enkele jaren geleden gestorven is aan kanker. Toen ze haar einde naderde, waren we allemaal daar, we ondersteunden haar en elkaar. Iedereen was er, behalve mijn zoon. Hij heeft haar laatste drie weken gemist."

Ik vroeg me af door wat Robert getriggerd was. Misschien wrok of ontgoocheling? Hij zei: "Neen, het was meer iets als 'we zijn niet voltallig, er ontbreekt iemand.' Ik heb het moeilijk om het juiste woord te vinden voor dit gevoel. 'Onvolledig' komt er het dichtst bij. Ik vind geen woord dat het meer accuraat beschrijft. Maar er is geen wrok. Ik beschuldig hem niet, ik wil het gewoon kunnen vatten.

Ik bied Robert aan om in de rol van zijn zoon te kruipen. Hij stemt ermee in maar wil eerst onderstrepen hoezeer hij zijn zoon apprecieert. Sterker nog, hij bewondert hem. Toen zijn zoon 17 was, had een bevriend chirurg hem meegenomen naar een operatie. Toen hij daarna thuis kwam zei hij: "Ik weet wat ik later wil worden: chirurg." Vanaf dat moment is hij er helemaal voor gegaan. En vandaag de dag is hij chirurg. "Ik ben zo trots op hem" voegt hij er nog aan toe.

Nu is Robert klaar om me te ontmoeten in de rol van zijn zoon. Ik kruip in de rol en zeg: "OK, pa. Wat wil je van me weten? Ik ben hier om je mijn hele waarheid te vertellen."

"Hoe komt het dat je afwezig was toen je moeder stierf?"

"Ik kon het niet meer aan. Het deed zo ongelofelijk veel pijn haar te zien wegkwijnen. Het ergste van alles was, dat ik haar niet kon helpen. Ik, die serieuze studies geneeskunde gedaan heb om mirakels te verrichten en mensen terug gezond te maken. Ik was herleid tot slechts een simpele toeschouwer, het enige wat ik kon doen was machteloos toekijken hoe niemand, helemaal niemand, mijn moeder kon helpen. Dat was zo onfair. Ik was zo boos op alles en iedereen. Mijn wereldbeeld lag aan diggelen. Dat is de reden waarom ik wegbleef, omdat het zo verdomd pijn deed."

Toen Robert dit hoorde, huilde hij voor lange tijd. Ik stond hem bij en verwelkomde zijn tranen. Het is OK. Uiteindelijk zei hij: "Ik snap het nu. Het was verschrikkelijk voor ons allemaal, en de beste manier die je vond om ermee om te gaan was wegblijven."

"Ja. Ik weet dat jullie allemaal tot het einde aanwezig waren. Ik weet ook dat jullie graag hadden dat ik ook aanwezig was. Helaas kon ik het echt niet aan."

"Het is OK. Ik begrijp het nu." Meer tranen vloeien overvloedig uit beide ogen. En die zijn welkom in deze kostbare, heilige plaats. Er is meer dan voldoende ruimte om alle tranen eruit te laten. Dan zegt Robert: "Weet je, ik zou graag meer contact met je willen hebben."

Als zoon antwoord ik: "Maar je bent zo anders dan mij. Zo gevoelig en begrijpend. Dat staat zo ver van mijn levenswijze. Voor mij gaat alles over duidelijkheid. Ik weet wat ik wil en ik smijt mij volledig, zoals een echte man. Ik hou van de kick die het risico meebrengt en ik hou wel nu en dan van een biertje. Praten en elkaar begrijpen is niet echt mijn ding. Het helpt me niet verder."

Op dat eigenste moment gebeurt er iets magisch - een gigantische ommekeer, 180 graden. Robert verandert zijn houding. Hij recht zijn rug, zit nu kaarsrecht en toont zijn volledige grootte. Ook zijn stemgeluid wijzigt, hij klinkt onwaarschijnlijk vastberaden en kristalhelder. Hij klinkt zeer zelfverzekerd als hij zegt: "Gaan we een pintje pakken?"

"Absoluut."

Wat ik, als Gundi, eruit meeneem: Als je contact wil met iemand, ontmoet die persoon in diens eigen wereld in plaats van te verwachten dat die jou tegenkomt in jouw wereld.

Ben je echt in mij geïnteresseerd?

Een ander meerdere dagen durende seminarie. Deze keer ben ik aanwezig als deelnemer. Per twee oefenen we de vier stappen van het model van NVC. Ik ben samen met een jonge vrouw van ongeveer 25 jaar. Ik vind haar mooi. Ze heeft lang blond krullend haar dat er heel speels uitziet. Ik moet me wat inhouden om van dat haar af te blijven. Ik wil graag aan een krul trekken, gewoon om te zien hoe die daarna terug opdraait. Hoe vaak zou die op en neer wippen tot ze terug stil hangt? Ze is slank, ongeveer 1,75 meter groot, ze heeft een recht figuur en ziet er zeer zelfverzekerd uit. Ze heeft een zacht omlijnd gezicht en expressieve ogen. Ik voel tegelijk nieuwsgierigheid en vind het spannend haar te ontmoeten. We krijgen 30 minuten om te oefenen. Het is vrij druk en we beslissen om buiten te oefenen. De zon is al onder en het wordt ook wat frisser. We wandelen naast elkaar en ze begint over haar vader. "Hij is niet echt geïnteresseerd in me. Hij vraagt hoe het met me gaat en zodra ik begin te vertellen, onderbreekt hij me en begint over zichzelf, over andere mensen of over politiek te praten."

"Dit is zo grappig", zeg ik. "Ik heb dat ook. Ik heb een kennis die exact hetzelfde doet. Het ziet ernaar uit dat we gelijkaardige situaties hebben." We zijn geamuseerd, verbaasd, opgelucht en verheugd dat het universum - of wat dan ook - ons heeft samengebracht. We onderzoeken wat we voelen als zo een situatie zich voordoet. Er is frustratie omdat we graag gehoord worden. Ook ontgoocheling omdat we de indruk hebben dat de ander geen interesse heeft. Onder dit alles ontdekken we een verlangen om van belang te zijn voor de andere. En dan, natuurlijk, ook verontwaardiging: "Halloow? Eerst vraag je hoe het met me gaat. En dan wil je het niet weten." Daaronder is een verlangen naar eerlijkheid en om serieus genomen te worden. Een andere stem zegt: "Hela, niet met mijn voeten spelen hé!" En nog daaronder ontdekken we, dat we zeker willen zijn dat de vraag wel serieus is, zodat we de ander op zijn woord kunnen vertrouwen. We wentelen ons even in zelfempathie en beslissen dan om toch eens te kijken hoe het voor de ander is. We kiezen voor een rollenspel.

Ik kruip in de rol van haar vader en voel onmiddellijk de verandering. Ik voel plots spanning en sta rechtop. Mijn dochter kijkt me aan en ik voel me wat rusteloos en opgejaagd. Er is iets niet in de haak en ik ben waakzaam, een 6 op een schaal van 0 tot 10. Mijn zintuigen staan scherp, ik ben op mijn hoede. Ze begint: "Er is iets wat ik graag wil bespreken. Het stoort me en ik zou het willen begrijpen en indien mogelijk, zelfs willen veranderen, zodat het me niet langer stoort. Zou je bereid zijn om er samen naar te kijken?"

Mijn vaderinstinct is gealarmeerd. Mijn kleine meisje voelt zich niet goed! Uiteraard wil ik bijdragen om haar wereld terug in evenwicht te brengen. Dat is mijn heilige plicht als vader. Zelfs als het iets

met mij te doen zou hebben. Dat zou ongemakkelijk zijn, maar zoals een echte man, zal ik er wel
mee omgaan. Tenslotte, ik zou zelfs draken bevechten, mochten ze mijn dochter bedreigen. Dus
ik zeg: "Maar natuurlijk ben ik daartoe bereid."

Ze gaat verder: "Daarstraks vroeg je me hoe het
seminarie was. Ik had twee zinnen gezegd en toen
begon jij te spreken. Is je dat ook opgevallen?"

"Euh, echt? Na je tweede zin al? Ik herinner me
dat ik een inval had en die wou ik je onmiddellijk
vertellen. Was dat fout?"

"Wel, voor mij leek het alsof je niet echt interesse
had in me. Zou dat kunnen?"

"Neen absoluut niet!" Ik ben geschokt. "Natuurlijk interesseer ik me in je! Ik zou anders echt niet
vragen hoe het was!"

"Nu dat is precies wat ik zo verwarrend vind. Je
vraagt het me en dan wil je helemaal niet naar me
luisteren. Hoe zit dat nu?"

Verdorie, ze heeft gelijk, zo heb ik het nog niet
bekeken. Ik kies om eerlijk te zijn en haar mijn hele
waarheid te vertellen, zelfs al is dat zeer ver buiten
mijn comfortzone. Ik schaam me, maar ik wil hier
oprecht over zijn. "OK, als ik je vraag hoe het met
je is, wil ik eigenlijk alleen maar horen dat je tevreden bent, dat je je leven goed onder controle hebt,
dat alles in orde is. Wellicht ook dat je mooie dingen meemaakt en dat je gelukkig bent. Gelukkig
zijn is misschien wat teveel gevraagd, tevreden is
ook goed. Als dat zo is, hoef ik me geen zorgen te
maken. Dan ben ik gerustgesteld en kan ik rustig

mijn eigen ding doen. Omdat er dan geen dwingend iets is dat ik moet doen. Maar als er wel iets is dat mijn lieve dochter zou storen, dan wil ik de eerste zijn die het weet. Absoluut. In dat geval zal ik voor je opkomen en die stoute draak bevechten."

Ze stopt en kijkt me aan. Haar ogen kijken zacht: "Het raakt me, dat je me wil steunen als ik je nodig heb. Ik weet dat wel. Het voelt heel goed om dat te weten. Mijn grote sterke papa, die altijd aan mijn zijde staat, wat voor stommiteit ik ook weer begaan heb. Je hebt dat altijd gedaan, je staat altijd achter me en steunt me. Dat is heel tof om te weten. Het heeft me gesterkt en moed gegeven en daar ben ik je dankbaar voor."

Als vader ben ik opgelucht. Dat te horen voelt echt goed. Ja, dat is wat ik wou dat ze wist en het is goed om te horen dat die boodschap binnen is gekomen. Het maakt me kalmer, ik voel me ontspannen en op mijn gemak. We kijken elkaar aan - er is zoveel warmte. We knuffelen lang.

Na een tijdje is er iets dat aandacht vraagt. "Weet je, als je zo naar die cursussen over zelfontplooiing gaat, maakt me dat wat bang. Dat ligt zo ver van mijn wereld. Ik stel me voor dat het er vol zit met van die esoterische mensen die hun leven niet meer in de hand hebben. En jij daartussen... Heb jij je leven nog in de hand?"

"Zou je erop willen kunnen vertrouwen dat ik mijn leven in de hand heb?"

"Ja, eigenlijk wel."

"Vanuit mijn standpunt geloof ik wel dat ik het in de hand heb. Ik doe er moeite voor en dat is precies waarvoor ik naar zo een seminaries ga. Ik wil van mijn leven het allerbeste maken. Ik wil graag bewuste beslissingen maken in plaats van geleefd te worden in mijn eigen leven. En dat is exact wat ik daar leer: verantwoordelijkheid nemen voor de dingen die ik kan beïnvloeden en loslaten waar ik toch niets aan kan veranderen. Ik leer er mezelf kennen. Ik ontdek waarom ik in bepaalde situaties de dingen doe zoals ik ze doe.

En als het me niet aanstaat, leer ik om er anders mee om te gaan. Hoe klinkt dit voor je? Nog steeds beangstigend?

"Hm, neen. Het klinkt zelfs redelijk. Helemaal niet esoterisch!"

"Toch niet zoals ik het begrepen heb. We aanbidden geen giraffen en we doen niet aan toekomst lezen in glazen bollen of zo. Er zijn trouwens voor mij dingen die ik moeilijk kan bevatten. Bijvoorbeeld bij rollenspellen maak ik vaak mee dat de persoon die een rol aanneemt, exact dezelfde dingen zegt als de persoon die gespeeld wordt. Dat kan ik moeilijk vatten. Ik heb het er moeilijk mee om het te geloven of mezelf uit te leggen hoe het in elkaar zit. Maar ik heb dat nu zo vaak meegemaakt, dat ik niet anders kan als het te geloven. Is dat beangstigend voor je?"

"Neen. je bent nog steeds bij je volle verstand. Ik denk dat mijn grootste angst was, dat jij je zou afkeren en een richting in zou slaan, waarin ik je onmogelijk zou kunnen of willen volgen."

"Bedoel je dat je bezorgd was dat ik zo erg zou veranderen dat het een impact zou hebben op onze relatie?"

"Ja, precies. En meer nog, ik ben ook bang dat er rondgeneusd zou worden in je kindertijd om te onderzoeken waar je ouders iets fout gedaan hebben. En dat je zou ontdekken dat ik bepaalde dingen fout aangepakt heb. En als je dat dan zou ontdekken, dat je boos op me zou zijn en me niet meer graag zou zien. Klopt dat? Gebeuren zulke dingen daar: ontdekken wat ouders fout deden?"

"Nee. Zo zou ik het niet noemen. Het doel is niet te ontdekken wat of waar het fout liep of te oordelen over dingen uit het verleden. We zijn meer bezig met het begrijpen. We willen de drijfveren vinden waarom mensen deden wat ze toen deden. Het basisidee is: we kunnen toch niet veranderen wat er gebeurd is, want het is voorbij. In de plaats daarvan zoeken we naar hoe we er ons nu bij voelen, als we er nu aan terug denken. Wat zijn de behoeften achter die gevoelens en wat kunnen we er nu aan doen, zodat we vrede kunnen vinden voor onszelf. Is dat iets dat je beangstigt?"

"Nee. Dat klinkt doelgericht. Daar ben ik wel blij mee. En is er misschien zo iets, dat ik fout gedaan heb?"

"We praten nu en dat is zeer waardevol voor me."

"Ja voor mij ook. En ons gesprek is eerlijk en open. Is dat ook iets wat je in die seminaries geleerd hebt?"

"Inderdaad. En ook de moed om over zulke dingen te praten."

"In dat geval ben ik echt wel blij dat je dan dit soort dingen doet. Dit is een mooi moment, ik voel me voldaan, vrij van angsten of zorgen, het is allemaal OK. Ik voel vertrouwen in mijn dochter, in mezelf en in onze relatie. Ik voel dat we erg close zijn nu, heel erg verbonden. Ik heb de indruk dat er niets of niemand tussen ons kan komen."

Ik wentel me in vertrouwen en zekerheid en toch, er is nog een kleinigheid dat opborrelt en dat ik graag wil aankaarten: "Je bent ondertussen opgegroeid tot een mooie vrouw. Een zeer mooie vrouw die bovendien het hart op de juiste plaats heeft. En je bent slim. Ik vraag me af hoe het komt dat mannen zich niet staan te verdringen voor je. Ik bedoel, mocht ik jonger zijn en niet je vader, ik zou er alles aan doen om bij je te kunnen zijn. Als ik je vraag hoe het was op je seminarie, wil ik eigenlijk ook wel weten of er toevallig iemand bijzonder is in je leven die je aan je zijde toelaat. Want dat wens ik je echt toe. Ik heb ervaren dat je veel meer aankan met een partner aan je zijde. Dan heb je ondersteuning en voel je zoveel meer kracht. Het leven is gewoonweg zoveel mooier als je iemand hebt om het mee te delen. Dat wens ik je echt toe, geloof je me?"

Ze bekijkt me en zegt: "Ja hoor, ik geloof je. Ik hoor dat je me een mooi leven toewenst."

"Inderdaad."

"OK. Ik beloof je dat ik het je zal laten weten, mocht ik iemand tegenkomen waarmee ik me zoiets kan voorstellen."

"Bedankt." zeg ik en we stappen uit het rollenspel.

"Het is echt fascinerend. De laatste keer dat ik mijn vader zag heeft hij daadwerkelijk gevraagd of er iemand bijzonder was in mijn leven."

Zelfverwonding

Dit is een telefooncoaching. Ik kreeg een 'empathische noodoproep' in de namiddag en had er pas 's avonds tijd voor. Mensen via telefoon begeleiden is steeds een uitdaging voor me omdat ik ze niet kan observeren. Zo mis ik een massa informatie en wanneer er een stilte valt, voel ik me beperkt tot enkel praten. Dan vraag ik me vaak af: "Wat gebeurt er nu?" of "Wat gaat er in je om?" En toch is coaching via telefoon beter dan helemaal niets.

Ik spreek met de vader van een vijftienjarige jongen. De vader spreekt snel, met een hoge toon en zijn stem klinkt instabiel. "Mijn zoon heeft zich ernstig verbrand op een duidelijk zichtbare plaats. Hij heeft het zichzelf moedwillig aangedaan. Hij heeft zichzelf al eerder verwond. Ik hoopte dat dit ondertussen voorbij was, maar nu gebeurt het weer. Het is momenteel schoolvakantie en ik ging hem net morgen naar mijn ouders brengen. Dit waren we overeengekomen omdat ik ver moet reizen. Ik kan dat onder geen beding afzeggen. Ik hoop dat mijn ouders de brandwonden niet zien. Ik heb geen idee hoe ze zouden reageren als ze ontdekken dat hij dit zichzelf aandoet. En erger nog, mijn ex! Als zij de jongen gaat oppikken bij mijn ouders gaat ze het zeker zien. En dan breekt de hel los. Misschien moet ik haar al op voorhand bellen. Maar je weet hoe delicaat onze verstandhouding is."

"Ja, ik weet hoe lastig het voor je is om elkaar te vertrouwen dezer dagen."

"Exact. Ze zal me beschuldigen en zeggen dat het allemaal mijn fout is, dat ik alles fout aangepakt heb."

"Ben je meer bezorgd over je zoon of over de reactie van zijn moeder?" Ik stel die vraag om te bepalen met wat we te maken hebben hier.

Hij antwoordt: "Ik ben meer bezorgd over mijn zoon. Hij zit de hele dag in zijn kamer en ik heb hem al vaak gezegd dat hij er best eens op uitgaat om vrienden te ontmoeten. Het enige waartoe ik hem nog kan bewegen is gitaar spelen. Maar zelfs dan moet ik al mijn overtuigingskracht gebruiken. Hij gaat uiteindelijk wel braaf mee naar de gitaarles, maar enkel als ik hem ertoe verplicht heb. Na de les is hij wel beter geluimd."

"Heb je een idee wat hij zoal in zijn kamer doet?"

"Ja hoor, hij kijkt video's op YouTube."

"Welke soort video's?"

"Wel, hij bekijkt alles dat slecht gaat in de wereld. Ik heb hem gezegd dat hij ook de positieve dingen in het leven moet zien en dat hij depressief wordt als hij hele dagen enkel het slechte bekijkt. En ik heb gelijk, het haalt hem omlaag."

Ik reageer: "Dat doet me denken aan mijn eigen dochters. Op een bepaalde leeftijd werden ze veganistisch. Ze wilden impact hebben en bijdragen aan een betere wereld. Denk je dat zoiets het geval zou kunnen zijn bij jouw zoon?"

"O ja, hij is ook veganist." In zijn stem ontwaar ik afkeer, bezorgdheid en misschien zelfs enige moedeloosheid.

Ik bied aan: "Ik voel wel wat verwantschap met je zoon, zal ik in zijn rol kruipen? Mag ik?"

"Ja hoor." zegt hij.

"OK, pa. Wat wil je weten over me?"

"Voel je je misschien erg slecht?"

"Hm. Wat is erg slecht? Nu ik begin te begrijpen wat er gaande is in de wereld huiver ik wel. Neen, geschokt - dat is het juiste woord. Hoe is het mogelijk dat er zoveel dingen zo fout zijn? Hoe kan je toelaten wat er met de dieren gebeurt? En wat er met het klimaat gebeurt? En de oorlogen en de vluchtelingen! Niemand neemt verantwoordelijkheid. We leven hier allemaal in luxe op de kosten van de arme landen en niemand geeft een moer. Terwijl het voor iedereen zo duidelijk is. Ik begrijp dat niet. En ik weet niet wat te doen. Ik voel me zo klein en onbenullig, met zo weinig invloed. at vreet aan me en maakt me neerslachtig. Het verlamt me. Hoe word ik verondersteld om daar de rest van mijn leven mee om te gaan?"

"Je zou het leven ook van de positieve kant kunnen bekijken. De wereld is niet volledig slecht."

"Sorry, pa. Maar je tips helpen me nu niet. Integendeel. Ze maken het alleen maar erger. Ik zie je als één van die ontkenners, zij die doen alsof alles OK is in de wereld. Ik weiger te geloven dat dit is wie je echt bent omdat je te belangrijk voor me bent. Ik wil naar je kunnen opkijken."

"Dat raakt me diep. Wat helpt dan wel?"

"Als ik zou weten dat ik niet alleen sta in dit alles. Als ik zou horen dat je er net zo over denkt als ik. Kan je me dat vertellen? Enkel als je het meent natuurlijk. Hoe is dat voor jou?"

Pauze - lange pauze. Ik veronderstel dat hij even in de knoop ligt met zichzelf.

"Fjoew, dat is even lastig om te verwerken. Maar ja, alles wat je beschrijft leeft ook in mij. De machteloosheid, hulpeloosheid, het gevoel heel klein te zijn en soms ook een gevoel van afwijzing. Het voelt allemaal verschrikkelijk aan."

De vader klinkt heel anders nu. Zijn stem is gewijzigd, ietwat kalmer, eerlijker en geloofwaardiger. Ik bespeur geen angst of bezorgdheid meer en zijn woorden luchten me op.

"Echt, voel je hetzelfde als mij?"

"Ja, mijn hart breekt als ik die gevoelens toelaat."

"Wel dat is nu exact hoe ik me voel!" Stilte, comfortabele stilte. Ik ben niet alleen. Ik word stilaan rustiger en mijn vader blijkbaar ook. Dan word ik overmand door nieuwsgierigheid en vraag hem: "En hoe ga je daar mee om?"

"Wel, ik zoek ernaar om een verschil te kunnen maken in mijn dagelijkse leven. Ik focus me op de dingen waar ik invloed op heb met als doel de wereld een betere plek te maken. Ik ben trots op de momenten waar ik met mijn bijdrage echt een verschil heb kunnen maken. Ik sorteer het vuilnis. Ik eet zelden vlees. Ik gebruik meer het openbaar vervoer dan de auto. En ik koop niets meer bij prijzenjagers want daar is er overduidelijk iets niet pluis. In zo een winkels word ik verstikt door koopdrang. Ik ben nu zeer alert voor dat soort machteloze gevoel. In plaats focus ik me op de mooie dingen die gebeuren in de wereld en ik zoek manieren om daaraan bij te dragen. Misschien is dat een soort verzet, zou je het zo kunnen zien? Is dat verzet voor jou?"

"Ja, misschien, ik weet het niet. Maar dat is niet meer zo belangrijk. Nu voelt het heel geruststellend dat ik niet meer alleen ben met dat soort gevoelens. Het helpt me enorm te horen dat je er ook zo over denkt. En het helpt ook dat je je eigen manieren hebt om daarmee om te gaan. Misschien kan ik voor mezelf ook zo dingen vinden die ik kan doen."

Weer een stilte, vredig, een gevoel van 'alles is OK en alles is gezegd' hangt nu tussen ons.

We stappen uit het rollenspel. De vader is opgelucht en ik zeg hem: "Als het je lukt om je zo open te stellen naar je zoon toe, dan is er magie mogelijk. Denk je dat je zo eerlijk zou kunnen zijn?"

"Ja dat moet wel lukken." zegt hij en we beëindigen het gesprek.

Wanneer ik mijn man dit verhaal voorlees, vraagt hij: "Maar hoe zit het nu met dat zelfverwondingsgedrag?" Ik antwoord hem dat het er niet meer toe deed. Het was gewoon van de baan. "Ik ben echt geïnteresseerd hoe het afloopt." Na een week zoek ik terug contact met de vader en ik krijg de volgende SMS: "Beste Gundi, door jouw empathie met mijn zoon was ik in staat om te horen wat er in hem omgaat. Hierdoor zijn veel dingen eenvoudigweg opgelost. Deze week was hij goedgeluimd, lachte zelfs, hij was open minded, openhartig en hij toonde zelfs zijn genezende arm! Nogmaals ongelofelijk bedankt hiervoor."

De aanvaardingspil

Ditmaal neem ik deel aan een seminarie van Kelly Bryson. Ik heb Kelly graag. Zijn credo luidt: "Geef niet op, geef toe." Wees eerlijk in plaats van beleefd, als de relatie echt belangrijk voor je is. Geef jezelf niet over om de relatie te behouden, maar stap de relatie binnen met je waarheid. Dit onderwerp is nog steeds een ontwikkelingsgebied voor me. Kelly heeft een systemische therapeutische achtergrond en is een leerling van Virginia Satir. Misschien komt de aanvaardingspil uit die richting. Helaas ben ik vergeten het hem te vragen. Hoe dan ook, ik gebruikte deze metafoor al enkele keren in mijn werk met mensen en was telkens verbaasd over de enorme impact ervan. Hier deel ik het verhaal van mijn eerste ervaring met de pil. Als ik me goed herinner was de oefening als volgt: denk aan een situatie waarbij je boos werd, of gefrustreerd of iets van die strekking. Vind een kompaan, vertel je aanleiding en neem de aanvaardingspil in. Slik door en aanvaard dat wat het leven je geeft. Aanvaarden betekent ook: de idee loslaten dat je er iets aan kan veranderen.

Het klonk makkelijk. Ik herinner me niet meer welke situatie ik had gekozen. Ik herinner me alleen dat ik er toen erg mee zat en dat de pil zeer goed zijn werk heeft gedaan. Wat ik me wel herinner, is het verhaal van mijn kompaan in die oefening. Hij zat ermee dat zijn zoon gepest werd op school. Hij vertelde hoe boos hij werd dat te horen.

Hoe hij een grote drang had om orde op zaken te stellen in het wereldje van zijn zoon en hoe hulpeloos hij zich voelde omdat hij slechts kon toekijken. Zijn zoon had hem verboden om tussenbeide te komen.

Ik gaf hem de denkbeeldige pil en hij slikte ze in. We wachten. Blijkbaar duurde het even voordat de pil begon te werken... en toen zei hij: "Nu ik aanvaard heb dat hij gepest wordt, herinnert het me aan mezelf. Ik werd ook gepest."

"En?" vroeg ik.

"Wel, eigenlijk was het niet zo erg. Ik bedoel, het was hard op het moment zelf, maar ik heb er veel van geleerd."

"Echt? Wat dan?" vroeg ik.

"Wel, opkomen voor mezelf, niet alles zo persoonlijk nemen, een olifantshuid kweken en uiteindelijk in mijn kracht gaan staan en me niet laten raken door externe dingen. O ja, ook om hulp vragen als ik het zelf niet langer aan kon en die hulp aanvaarden."

Amai. Dat is een serieuze verandering.

Ik wil er altijd voor je zijn

Opnieuw een seminarie van 9 dagen. Ik hou een privé sessie. We wandelen buiten. Wandelen helpt het proces, denk ik. Wanneer we wandelen, schrijdt het proces voort. Soms snel, soms traag en soms vraagt het om even te stoppen en achterom te kijken.

We wandelen naast elkaar en ze vertelt: "Ik heb een dochter van vijf." Haar ogen beginnen te stralen en ze glimlacht. Mijn hart wordt warm van al die liefde die plots naar boven komt. Ze vertelt me hoe ongelofelijk belangrijk dit kind voor haar is. Hoe prachtig hun relatie is en hoe gelukkig ze is met NVC als instrument, om dit soort diepgaande relaties zo eenvoudig te maken. We baden een tijdje in dankbaarheid voor dit alles.

Dan word ik wat nieuwsgierig en vraag haar: "Was dit het? Wou je deze sessie enkel om te vieren wat het leven je gaf of is er nog iets anders?"

Ze zegt: "Wel, ik kan niet vliegen."

Ik snap het niet helemaal en vraag: "Hoe bedoel je?"

Ze antwoordt: "Ik durf niet te vliegen omdat ik bang ben, dat als er mij iets mocht overkomen zij helemaal alleen zou zijn. Vliegen is dus geen optie voor mij! Ik was zelfs al bang om hierheen te komen - de lange autorit, er zou maar eens iets moeten gebeuren en dan ..."

"En dan wat?" vraag ik voorzichtig.

"Dan zou mijn dochter alles wat ik haar nog wil geven, moeten missen."

"En dan?" vraag ik.

"Dat zou zo verschrikkelijk zijn, ik mag er niet aan denken."

Ik besef dat ze op dit moment niet klaar is om haar ergste angsten onder ogen te zien. Zelf voel ik ontzag en een groot respect voor zoveel hulpbronnen en beschermingsmechanismen ter beschikking van de mens. Ik beslis om er in mee te gaan. "Ik hoor dat datgene wat je haar kan geven, uniek is, waardevol en kostbaar. En dat je haar deze kwaliteit van samenhorigheid zo lang als mogelijk wil blijven geven."

Ze stopt en bekijkt me. "Ja." zegt ze bevestigend. Er borrelen tranen op in haar ogen en die vinden langzaam hun weg langs haar wangen. Stille tranen, vol van emotie en verlangens. We staan een tijdje stil, dan zet ze de wandeling voort, bedachtzaam, stap voor stap. Ik volg in complete stilte.

Na een tijdje vraag ik haar: "Bij wie is je dochter nu?"

"Bij mijn man en mijn moeder."

"Is ze daar graag?"

"Ja hoor. Mijn man is een fantastische papa. Hij spendeert veel tijd samen en is altijd zo onwaarschijnlijk geduldig met haar. Trouwens, op dit moment doen ze dingen die ze nooit zouden doen als ik erbij zou zijn."

"Dat klinkt alsof je het met vertrouwen kan loslaten, wetend dat beiden goed overeen komen?"

"Ja."

"En met je moeder, hoe is de relatie met haar oma?"

"Heel goed. Het klikt tussen die twee. OK, mijn moeder geeft haar wel minder ruimte om haar gevoelens te beleven. Bijvoorbeeld, als mijn dochter bij mij is, mag ze verdrietig zijn. Mijn moeder kan daarmee niet overweg, ze troost haar dan onmiddellijk Maar dat is OK. Mijn dochter kan daarmee bij mij terecht."

"Het lijkt heel belangrijk voor je dat ze ervaart dat àl haar gevoelens welkom zijn?"

"Inderdaad."

"En is haar papa daartoe in staat?"

"Hij maakt serieuze vorderingen."

Ergens in deze conversatie heb ik de indruk dat we in cirkels draaien, er zit nog nauwelijks energie in. We zitten vast en ik kaart dat aan. Ze voelt hetzelfde.

"Zijn er nog andere zaken met je moeder?" vraag ik.

"Met mijn vader en moeder heb ik ook een wondermooie relatie. Ze zijn nog steeds heel belangrijk in mijn leven. Voor mijn kind wens ik dat ook ik er altijd voor haar zal zijn."

Er is iets met de nadruk die ze op het woord 'altijd' legt dat me aan het denken zet. "Altijd?" vraag ik.

"Ja, altijd."

Voor een tijdje beheerst dat mijn gedachten… "Dat betekent dan dat je kind vóór jou deze aarde dient te verlaten."

Het zet haar aan het denken... "Neen, dat wil ik niet!"

De aanvaardingspil popt op in mijn gedachten. Ik heb enkele amandelen in mijn jaszak. Ik neem er eentje uit en bied ze aan met de woorden: "Dit is een aanvaardingspil. Als je die inneemt, dan aanvaard je de dingen die je niet kan veranderen. Dan aanvaardt je dat je op bepaalde dingen helemaal geen invloed hebt. Wil je dat proberen?"

De amandel ligt voor haar, bovenop mijn uitgestrekte hand. Ik bied ze haar aan. Ze kijkt ernaar. Opnieuw rollen zachte tranen uit haar ogen. Het lijkt alsof ze een innerlijke strijd voert. Uiteindelijk neemt ze de amandel, stopt die in haar mond en start erop te kauwen. Nog meer tranen. Ik denk niet dat ik ooit eerder, met zoveel nieuwsgierigheid iemand op een amandel heb zien kauwen. Ik voel de spanning van wat er nu gaat gebeuren. Ik ben dankbaar voor het vertrouwen dat ze me schenkt. Dit is een heilig moment. Na een lange stilte stoppen de tranen. Ze begint terug te wandelen. Ik volg. Voor zeker vijf lange minuten in complete stilte. Ik wentel me in het vertrouwen dat er iets voedends zal gebeuren.

Uiteindelijk vertelt ze een verhaal te over vrienden die ook een kind hadden. De moeder stierf vroegtijdig en de vader stopte met werken om er voor hun zoon te kunnen zijn. Uiteindelijk is alles goed gekomen. Ze zijn erdoor geraakt. Wonderbaarlijk goed zelfs.

"Ik ben er zeker van dat mijn man er ook in zou slagen. Mijn ouders zijn er ook nog en ze zouden hem ten volle ondersteunen. Hij zou zelfs zijn job niet moeten opgeven. We wonen dicht bij elkaar. Mijn moeder zou op mijn dochter kunnen passen na school en mijn man zou haar kunnen oppikken na zijn werk. Dat zou perfect werken zo."

Er is geen spoortje angst of bezorgdheid meer in haar stem, alleen hoop, vertrouwen en een grote gerustheid. Wat een magische amandel.

Ik heb het juiste gedaan

Een workshop over 'Restorative Circles' - een methode die nauw aanleunt bij NVC. Hoe het werkt: om conflicten op te lossen komen alle deelnemers samen. Ze zitten in een cirkel en ontmoeten elkaar als gelijken. Ze maken plaats voor ieders waarheid zoals die beleefd werd. Iedereen mag dus delen wat hij of zij wil, ongefilterd met inbegrip van oordelen, aantijgingen en beschuldigingen. Dan kiest de spreker wie mag teruggeven wat er begrepen is. De zender van het bericht controleert zo of het echt datgene is wat die wou communiceren. Als alles verteld en gehoord is, start de gezamenlijke zoektocht naar oplossingen. In mijn ervaring is dit een proces met een immens helend potentieel. (Meer informatie over Restorative Circles kan je vinden op: www.restorativecircles.com.)

We oefenen. Eén deelnemer wil over haar moeder vertellen, hoe erg ze heeft afgezien van haar moeders' lijdzaam toezien, terwijl haar vader ernstig fysiek geweld gebruikte tegen hen beiden. Ik stap in de rol van de moeder. Mijn dochter beschuldigt me. Ze schreeuwt: "Hoe kon je al die jaren gewoon toezien terwijl dit gebeurde? Waarom hielp je me niet?"

Ik verstijf helemaal, compleet geïmmobiliseerd, maar mijn gedachten zijn haarscherp. Ik heb juist gehandeld. Ik zou vandaag exact opnieuw hetzelfde doen. Ik ben er 100% zeker van. Het is de

enige manier. Ik heb uiterst zorgvuldig alle mogelijkheden overwogen. Er is geen alternatief, dit is
de enige manier om te overleven. Hou vol en wacht
onbeweeglijk tot het over is. Telkens wanneer het
geweld start hoopte ik altijd in stilte: alsjeblieft,
kies mij in plaats van het meisje. Ik kan het wel aan.
En als hij toch het meisje koos, bad ik stilletjes tot
haar: "Hou je alsjeblieft stil, hou vol! Wacht gewoon tot het voorbij is. Provoceer hem niet. Laat
het gebeuren, zit het gewoon uit. Doe niets onver-
wachts. Dat maakt hem alleen maar bozer."

Dat vertel ik nu mijn dochter in het rollenspel. Ze
huilt en uiteindelijk zegt ze: "Het was zo lastig voor
mij." Ze wil dat ik het herhaal.

Ik zie haar. Ze huilt. In mijn hoofd heb ik spijt,
maar ik ben niet in staat om iets te voelen, het komt
maar niet door, toch niet bij mij. Want het is overduidelijk: we leven. Allebei leven we nog. We hebben het overleefd. Dat is het enige wat telt. En
daarom ben ik zo overtuigd dat ik juist gehandeld
heb. Dat is het enige wat ik zeggen kan, punt uit.

Ze staat erop dat ik toch haar woorden herhaal.
Dat lukt nog wel. "Het was lastig voor jou." Dat
zeggen ging nog makkelijk, want het was ook lastig voor mij. Ik heb geleerd om er op die manier
mee om te gaan. Me stil houden en wachten tot het
voorbij was. Het is slechts fysieke pijn en de won-
den zullen uiteindelijk wel genezen, net zoals de
zon schijnt na de regen en de dag komt na de nacht.

Als Gundi was ik verrast, zelfs geshockeerd na dit rol-
lenspel. Zelden heb ik zo een haarscherpe duidelijkheid
ervaren in mezelf. Ik herinner me die duidelijkheid enkel
van toen mijn driejarige dochter op de snelweg wilde
spelen. Toen ervaarde ik dezelfde duidelijkheid. Waar ik
mee blijf zitten is de vraag: is het echt wat ik daar er-
vaarde? Is dit wat er gebeuren kan met iemand die toe-
kijkt terwijl haar kind geslagen of mishandeld wordt?

In ieder geval vertelde de dochter me dat ze erg veel
gehad heeft aan het rollenspel. Ze heeft nu een zeldzaam
inzicht in haar moeders wereld en dat zorgde voor een
beetje soelaas.

Ik kreeg ook feedback van een bevriend trainer die ons
observeerde. Hij was echt razend toen hij me vertelde:
"Ik kon amper geloven wat er uit je mond kwam. Ik was
zo ontdaan, ontsteld en woedend. Ik wou je bij de schou-
ders nemen, eens goed door elkaar schudden en schreeu-
wen: 'Neem toch je verantwoordelijkheid op! Verdedig
je en bovenal: bescherm je kind! Dat is je verdomde
plicht als moeder!"

Ja. Ik zou wellicht hetzelfde reageren als ik in zijn
schoenen zou staan.

Schaamte

Een andere negendaagse training in NVC. Mijn man Frank is de trainer, ik ben een deelnemer. Tijdens de pauze vraagt hij mij en een andere trainer of we een klein rollenspel willen doen als vijfjarige kinderen die ruzie maken over een bal. Met die korte demo wil hij zijn workshop 'bemiddelen met kinderen' in de verf zetten. We zien het allemaal heel erg zitten.

Het moment was aangebroken. Iedereen was er: alle trainers, deelnemers en organisatoren, samen ongeveer vijftig mensen, allen aanwezig in onze grote zaal. De stoelen stonden opgesteld in een grote cirkel en de meesten waren bezet. In het midden lagen er kussens waar sommigen op zaten of lagen, sommigen knuffelend. Op zo een momenten wordt er een gemeenschap gevormd en mensen worden wat 'closer'.

Ook ik zit op de grond tussen de andere deelnemers, die me ondertussen heel bekend waren. Het is de voorlaatste dag. Ik ben rustig aan het haken, wachtend tot het aan mij is. Mijn tegenspeler zit op een stoel rechtover mij, aan het andere einde van de zaal. Frank staat recht en zegt met luide, scherpe stem: "GUNDI!" Hij zegt het op zo een bijzondere, moeilijk te beschrijven toon. Maar het effect ervan is onmiskenbaar beangstigend. Ik voel dat mijn hele lichaam in hoogste paraatheid is. Ik maak me wat kleiner en probeer me te verstoppen achter de persoon voor me. Ik weet heel erg goed dat ik 'iets fout' gedaan heb en dat ik nu ter verantwoording geroepen wordt. Ik ben bang. Dan hoor ik zijn stem opnieuw. Deze keer luider en zelfs dwingender dan de eerste keer: "GUNDI! STA OP!" Instinctief maak ik mezelf nog kleiner, ik probeer onzichtbaar te zijn achter de rug van mijn voorganger. Hij merkt het en maakt zich groter, breder, en biedt zo bescherming. Een innerlijke stem schreeuwt: "Oh mijn God, niet opstaan! Verstop je. Doe alsof je er niet bent." een andere stem in me schreeuwt: "Sta op! Als je nu niet op staat maak je het alleen maar erger." Ik ben verscheurd tussen die twee stemmen en mijn lichaam reageert erop. Mijn bovenlichaam recht zich wat om onmiddellijk erna terug weg te duiken. Er heerst een gevecht binnen in me. En opnieuw hoor ik zijn stem, zelfs nog luider dan voorheen, zelfs nog nijdiger: "GUNDI! STA OP!" Langzaam, tergend langzaam, beetje bij beetje begin ik recht te staan. Het kost me ontzettend veel moeite om recht te staan. Met hangende schouders en blik naar beneden, ik voel mijn nek stretchen.

Op dat moment lost de angst op om plaats te maken voor een ander gevoel. Nu ik rechtsta kan iedereen mij zien. Iedereen kan zien wat voor een stoute persoon ik ben. Een gevoel van schaamte bouwt zich op totdat het haast ondraaglijk wordt. Iedereen kan me zien en iedereen kan me veroordelen want ik heb iets stout gedaan en ik ben slecht. Ik hoor zijn stem nogmaals: "Peter! Sta recht!"

Dat voelde beter. Ik ben niet de enige die iets mispeuterd heeft. Wat een opluchting. Peter staat recht. Hij staat zelfs heel erg rechtop. Zijn voeten ver uit elkaar, gekruiste armen voor zijn borst en hij zegt luid en duidelijk: "Ik heb niets gedaan! Ik was het niet!"

Dan wordt Frank terug de gebruikelijke Frank en kondigt hij zijn workshop aan over het ondersteunen van kinderen als er ruzie is omtrent een rode bal of iets gelijkaardig. Uiteindelijk kan ik de rol van me afschudden maar het duurt lang voordat ik alles uit mijn systeem krijg. Het was bedoeld als een speels rollenspel om het seminarie aan te kondigen. En toch heb ik alles echt beleefd, al die gevoelens waren uiterst intens. Andere deelnemers waren in de war, sommigen waren zelfs geshockeerd: "Was dat nu echt?"

Voor mij was het allemaal levensecht. Ik voelde alles, ongefilterd: eerst de angst, dan het innerlijke conflict, de diepe schaamte, de korte hoop gevolgd door de afgunst en tenslotte de verontwaardiging: "Waarom ontkent de andere persoon alles? Hoe komt het dat hij zo rechtop kan staan? En waarom kan ik dat niet?"

Als Gundi shockeerde het me. Ik herinner me niet dat ik in het echte leven ooit zulke gevoelens ervaarde. Wellicht zijn ze er ooit wel geweest, anders zou ik ze niet zo intens hebben kunnen ervaren zoals daarnet. Ik weet het niet. Ik zal waarschijnlijk nooit een antwoord vinden op die vraag.

Het gevoel van angst was nog min of meer OK- daar kon ik mee om. Maar de schaamte was verschrikkelijk, bijna ondraaglijk. Om zo te moeten rechtstaan voor iedereen. Door iedereen zo gezien te worden. Dat is iets wat niemand zou moeten meemaken of voelen. Ik bid dat ik nooit iets zou doen dat ertoe zou leiden dat iemand anders dit zou moeten meemaken. En als ik het niet kan voorkomen dat ik toch de moed heb om recht te staan en ermee om te gaan met al mijn mogelijkheden.

De jongen in de supermarkt

Op een dag zag ik in de supermarkt een jongen van vijf jaar. Hij klauterde rond de voorkant van een winkelkarretje heen. Zijn vader, die het karretje duwde, had hem herhaaldelijk aangemaand daarmee te stoppen. Natuurlijk luisterde hij niet want hij had er teveel plezier in.

Het onvermijdelijke gebeurde, vaders voorspelling kwam uit. De jongen viel op de grond en begon luidkeels te huilen. Met zijn ogen wijd opengesperd op zijn bange gezicht zag hij er verloren uit. Hij keek zoekend rond. Ik wist dat zijn wereld, die daarnet nog intact was, plots compleet ingestort was. Hij had iemand nodig die hem hielp om zijn wereld terug in orde te brengen.

Vaders antwoord kwam zoals verwacht: "Ik heb het u nog zo gezegd!"

Een ogenblik aarzelde ik met de vraag: "Is het OK als ik er even tussen kom?", maar toen besloot ik mijn hart te volgen. Ik ging naar de jongen toe, bukte me tot op zijn hoogte en zei: "Dat moet even verschieten zijn. Daarnet was je nog fijn aan het klimmen op dat karretje. Je was je goed aan het amuseren en aan het uitzoeken wat je allemaal kon. Waarschijnlijk was je trots op hoe goed je kon klimmen. En dan: boem! Opeens lag je op de grond. Amai, hoe raar is dat. Als mij dat zou overkomen, ik zou enorm geschrokken zijn. Ben jij ook geschrokken?

Hij kijkt me aan en stopt met huilen. Zijn blik wordt helderder en meer gefocust en ik lees er iets in, dankbaarheid of ik interpreteer het zo. Dan glimlacht hij naar me, draait zich om en wandelt voort.

Mijn blik verlegt zich naar de vader met de vraag in mijn hart: "Ben ik zojuist over een grens gegaan?" Hij ziet er ontspannen uit. Dat is voldoende voor me. Kort daarna ontmoeten we elkaar weer aan de kassa - hij wuift, ik wuif terug.

Ruzie over de rode bal

We bevinden ons in een workshop "Bemiddelen bij kinderen", zoals aangekondigd bij het eerdere verhaal ("schaamte"). Frank demonstreert en speelt de bemiddelaar.. Ik speel de rol van de vijf jaar oude Katja. Een andere deelneemster, die recht tegenover mij zit, speelt de rol van haar vriendin Martha. We gaan er even vanuit dat in onze kleuterschool NVC geïntroduceerd is door het project "giraffendroom". We hebben ruzie gemaakt over een rode bal. Nu zitten we in de giraffen hoek - een plek die we gecreëerd hebben om elkaar te ontmoeten en onze verschillen uit te klaren. Frank ondersteunt ons daarin.

Frank: "Dank je wel voor jullie bereidheid om naar hier te komen en te proberen om de ruzie tussen jullie op te lossen. Ik wil jullie graag helpen in het vinden van een oplossing. Ik zal ervoor zorgen dat elk van jullie vrijuit de dingen kan zeggen die voor jou belangrijk zijn, zodat elk van jullie gehoord wordt. Wie wil beginnen?"

Ik treuzel: "Mag ik echt alles zeggen?"

Frank: "Ja hoor, ik zorg daarvoor."

Ik zeg: "OK, laat haar dan maar beginnen."

Frank geeft haar de praatstok en mij de giraffe oren.

Frank: "Martha, wat heb je juist gezien?"

Martha keert zich naar mij: "Je kwam naar me toe, trok de bal uit mijn handen en daarna heb je me geduwd."

Frank vraagt aan mij: "Kan je me alsjeblieft vertellen wat je Martha hebt horen zeggen?"

Ik zeg: "Ik hoorde dat ik de bal van haar afgepakt heb en haar geduwd heb."

Frank zegt tegen mij: "Dank je."

Aan Martha vraagt hij: "Heeft ze dat juist gehoord?"

Martha: "Ja."

Frank: "En wat heb jij gezien, Katja?"

Ik: "Ik speelde met de bal en toen moest ik naar het toilet. En toen ik terugkwam, had jij de bal en heb ik die afgepakt."

Frank aan Martha: "Kun je me alsjeblieft vertellen wat je van Katja gehoord hebt?"

Martha: "Ze was op het toilet en toen ze terugkwam had ik de bal en heeft ze die afgepakt."

Frank tegen mij: "Heeft ze je goed verstaan?"

Ik: "Ja."

Frank tegen mij: "En hoe voel je je nu daarbij?"

Ik ben nog steeds aan het denken en zoeken wanneer Martha zegt: "Ben jij ook verdrietig?"

Ik zeg: "Ja, inderdaad."

Frank: "En waar heb je nu nood aan?"

Ik: "Dat we terug vriendinnen zijn".

Martha: "Ik wil dat ook!"

Frank: "Heb je een idee wat je nu wil doen?"

Martha: "Ik was zo blij dat de andere groep van de kleuterklas op uitstap was. Zo kon ik eindelijk eens met de geweldige rode bal kon spelen. Want als zij er zijn dan hebben zij altijd de bal."

Ik: "Ik kan je helpen en samen kunnen we ervoor zorgen dat de anderen de bal niet krijgen."

Martha: "Ja, en als je naar het toilet moet, dan kom ik met je mee en we nemen de bal gewoon mee!"

Wat een geweldige oplossing voor ons als kinderen. We zijn er, het probleem is opgelost.

Frank: "Wow. Ik heb hier zoveel plezier in, om te zien hoe jullie twee erin geslaagd zijn om een oplossing te vinden voor jullie ruzie. Ik zou willen dat iedereen daarvan kan leren. Zijn jullie bereid om deze beleving te vertellen in de ochtend cirkel morgen?"

Telkens opnieuw sta ik versteld hoe makkelijk en vlot dit proces bij kinderen werkt. Misschien omdat ze meer in het 'nu' leven? Benijdenswaardig. Bemiddeling bij volwassenen duurt zo veel langer.

Er zijn een paar punten in dit proces die ik even wil toelichten. In het begin bedankt Frank ons en maakte hij duidelijk dat hij blij is dat hij kan ondersteunen. Dat nam bij mij een deel angst weg voor straffen en oordelen. Ik wist wel dat wat ik gedaan had niet zo netjes was. Maar er was geen reden om dat er nog eens in te wrijven toch? Ik was wel nog steeds sceptisch maar zijn woorden maakten het makkelijker voor mij om erbij te blijven. Het was uiteraard geen aangename situatie, maar ik kon er mee leven.

Dan zei hij dat hij ervoor zou zorgen dat elk van ons alles kon zeggen. Hij heeft het zelfs herhaald. Dat hielp om vertrouwen te krijgen en eerst naar mijn vriendin te

luisteren. Anders wou ik de eerste zijn om ervoor te zor-
gen dat mijn kant van het verhaal zeker gehoord was.

De volgende stap: Herhalen wat Martha zei, was wel
gênant maar niet echt moeilijk want er zat geen enkele
beschuldiging in. Ze had niet gezegd dat ik iets fout ge-
daan had of stout was geweest of zo.

Daarna vroeg Frank: "Wat heb je gezien? Het was een
duidelijke vraag. Ik probeerde om te vertellen wat ik van-
uit mijn standpunt gezien had. Dat was makkelijk en
riep niet direct heftige emoties in me op.

Het zou anders geweest zijn mocht de vraag zijn:
"Wat is er gebeurd?" Die vraag zou me terugbrengen
naar het drama zoals ik het beleefd heb. Ik zou alle on-
recht teruggevonden hebben en zou me uitvoerig gewen-
teld hebben in mijn slachtofferrol. Ik zou op zoek gegaan
zijn naar de reden van al die miserie en Martha zou alle
schuld krijgen. Mocht ik zo mijn bevinding verteld heb-
ben, dan zou dat de waarheid worden zoals ik ze zag.

En dan zou zij haar waarheid verteld hebben en dat
zou eindigen in een gevecht over wie gelijk had. Dat zou
het conflict niet oplossen en er zouden evenmin goede
voornemens uit voortkomen. Alle kruit zou verschoten
zijn voordat we tot de kern van de zaak zouden komen...
als we daar al zouden geraken natuurlijk.

Want als ik eenmaal mijn slachtofferrol aanneem dan
heb ik veel empathie nodig en nog meer bevestiging. Ik
zou proberen de bemiddelaar aan mijn kant te krijgen.
Het zou niet lang duren voordat ik op zijn schoot zou
zitten en hem aan zou kijken met mijn grote puppy oog-
jes. Ik zou misschien een traantje laten, die strategie

werkt altijd. In ieder geval is dat de beste aanpak die ik ken, die ik geleerd heb.

In plaats daarvan zijn we steevast op het niveau van zuivere observatie gebleven. En zelfs als ze iets anders gezien zou hebben dan mij, het zou geen bedreiging vormen.

Franks volgende vraag was: "Hoe voel jij je nu?" En niet: "Hoe voelde jij je toen?" Nu zitten we hier samen en ik hoorde haar iets zeggen dat ik nog niet wist en zij hoorde mijn kant van het verhaal. Dus nu, op dit moment, voel ik me anders dan toen de situatie gebeurde. Als de focus zou liggen op hoe ik me toen voelde werd mijn boosheid getriggerd en die zou zeker de kop opsteken. Maar op dit moment, in het nu, voel ik me anders. Teruggaan naar eerdere ervaringen kan wel zeer waardevol zijn in therapeutisch werk, als de klant bijvoorbeeld vraagt: "Ik wil leren op een andere manier om te gaan met mijn boosheid." Maar nu zijn we in de giraffen hoek in de kleuterschool en we willen een conflict oplossen. Dit is geen therapiesessie. Hier worden we doorgaans bijgestaan door een leerkracht of een ander kind, niet door een therapeut.

Nog iets dat ik wil toevoegen aan de vraag: "Hoe voel je je nu?" Ik ben zo vaak in deze rol geweest, de rol van een kind. En telkens opnieuw ervaar ik magie. Het raakt mijn ziel en leidt me naar een andere wereld. Zodra de gevoelens uitgedrukt zijn, ontstaat er begrip. Bij volwassenen gebeurt deze 'Herzspitzen'-beroering pas als we de behoefte van de ander horen, in al zijn schoonheid, dan pas verstaan we elkaar echt. Ik heb daar geen verklaring voor, ik weet (nog) niet hoe dat komt.

Een ander aspect: In de rol van het kind hielp het me enorm toen ik Martha de woorden "verdrietig" samen met "ook" hoorde zeggen. Op dat moment was ik zelf nog op zoek naar mijn gevoelens, zij bood ze me aan en toen realiseerde ik me dat dit het inderdaad was. Plus, zo toonde ze ook een beetje van zichzelf. Hierdoor was het makkelijk voor me om "Ja, inderdaad" te zeggen. Want het was waar. Ik was verdrietig. Maar dat hardop zeggen was een beetje gênant. Maar toen ik dat kleine woordje "ook" hoorde, hielp het me over de drempel. Het leek best OK om het uit te spreken en ik durfde dat te doen.

De vraag: "En waar heb je dan nu nood aan?" was ook heel duidelijk en heel gemakkelijk om te beantwoorden. Ik wist dat ze exact hetzelfde wou.

Uiteindelijk bedankte Frank ons. Dat vond ik tof. Het voelde geweldig! Mijn toedoen heeft hem wat vreugde gebracht. Graag gedaan Frank!

Uiteindelijk vroeg Frank ons of we dit aan iedereen in de ochtend cirkel wensten te vertellen, want hij vond dat iedereen ervan kan leren. Dat vond ik ook tof. Ik voel me er trots en belangrijk door. Ik heb het juiste gedaan en dat ga ik nu aan iedereen leren want ik begrijp nu hoe het werkt. Misschien gaan we wel wat stukjes overslaan over de oplossing die we gevonden hebben. Want morgen zijn de anderen terug van de uitstap en uiteindelijk willen Martha en ik zelf met de rode bal spelen.

Ervaringen in het "echte leven"

Maar ik wil naar mijn yogales

Elke dinsdag volg ik yogales. Ik ervaar dat als zeer voedend en ik ben er trots op dat ik de les zo consequent volg. De les wordt aangeboden door mijn werkgever. Meestal schrijf ik me 's morgens in via Google List. Ik rijd met de auto van het werk naar het gymnasium en kan tot drie mensen meepakken. Meestal rijd ik rond 14u25 naar de afgesproken oppik plek waar meestal twee tot drie dames op me wachten.

Omdat op deze bewuste dag de vergadering wellicht zou uitlopen en ik niet zeker was of ik er tijdig zou geraken, had ik me niet ingeschreven. Maar de vergadering verliep vlotter dan verwacht en ik kon op tijd vertrekken. De wandeling naar de auto passeert voorbij een straat met geparkeerde langeafstandsbussen richting Oost-Europa.

Ik ben zelf in Roemenië geboren en ergens herinneren die bussen me aan mijn eerste thuis. Ik koester nog steeds een warm plekje in mijn hart vol met mooie herinneringen aan mijn leven in het dorp waarin ik opgroeide. Ik wandel dus voorbij de bussen, me afvragend waar ze vandaan komen tot ik een man zie. Hij ziet er Oost-Europees uit, donkere haren en hij mist enkele tanden. Ik gok dat hij een beetje ouder is dan mezelf en hoogstwaarschijnlijk buschauffeur. Terwijl ik me inbeeld hoe zijn leven zou zijn, kruisen onze ogen elkaar. We glimlachen en groeten elkaar. Hij wacht even en dan vraagt hij me iets. Hij spreekt gebroken Duits, slechts enkele woorden. Iets met "parking" en "morgenavond". Dan gaat hij naar een andere bus en wijst naar de parkeerschijf die zichtbaar achter de voorruit ligt. "Waar kopen?" Het is duidelijk, hij heeft een parkeerschijf nodig. Ik heb er drie in mijn auto en ik gebaar hem me te volgen. *Een inwendig stemmetje in mijn hoofd begint zich te roeren: "Het moet haalbaar zijn om er tijdig te geraken. Ik geef hem gewoon de parkeerschijf en ik kan nog tijdig in de yogales geraken!"*

We komen aan bij mijn auto en ik geef hem mijn parkeerschijf. Hij bedankt me maar blijft me aankijken. Hij kijkt met van die grote verloren ogen en ik realiseer me dat hij niet weet wat ermee te doen.

Mijn innerlijk stemmetje komt weer tussen: "Shit. Het enige wat ik erover weet is dat je schijf zichtbaar moet liggen vanaf 9u 's morgens (als je geen parkeerboete wil), en dat die er vier uur mag liggen. Als ik mijn wagen hier zet, zorg ik dat ik vóór 13u de schijf aanpas. Dat is tot nu goed gegaan. Ik heb geen idee van de exacte begin-, en einduren. Wat ik wel weet, is dat die informatie aangegeven is op het verkeersbord aan het begin van de straat. Dat is wel een eindje stappen. Te ver om tijdig in de yogales te geraken. Verdorie! Ik voel druk en spanning en ik voel me verscheurd. Ik probeer hem

104

snel-snel uit te leggen dat aan het begin van de straat een bord staat met alle info die hij nodig heeft. Hij snapt het niet. Uiteraard niet!

Ik kijk rond, zoekend naar hulp. Daar wandelt een man. Ik wijs naar hem en zeg: "Misschien kan hij je helpen?" Maar die man wandelt al weg. De buschauffeur blijft me aankijken met van die grote ogen.

OK. Nu moet ik echt wel beslissen wat ik ga doen! Ik kijk naar de oppik plek. Niemand te zien. OK. Dat lucht op en geeft ruimte. Als ik te laat ben in de yoga dan mis ik de begin relaxatie. Jammer maar doenbaar. Ik ge-woon wat later toekomen en door het venster kijken wanneer ze beginnen te stretchen. Dat is het perfecte moment om binnen te gaan zonder iemand te storen. De belangrijkste relaxatie is trouwens toch pas op het einde. En deze man hier, vlak voor me, heeft hulp nodig. Dus ik beslis om nu tijd voor hem te maken.

We gaan naar het verkeersbord en ik ben ver-baasd. Het was minder ver dan ik dacht. Bij het bord leg ik kalm uit hoe het werkt met de uren. Ik gebruik alles in mijn macht, lichaamstaal, ik maak grote gebaren, tel op mijn vingers. En langzaamaan begint hij het te begrijpen. Hij begint te knikken, telt op zijn vingers en draait aan de schijf om te to-nen dat hij het door heeft: De schijf moet zichtbaar in zijn bus liggen tot zes uur s avonds en dan weer vanaf 9u 's morgens de volgende morgen. Ik beves-tig dat. Zijn ogen schitteren. Hij lijkt fier. Het heeft gewerkt, met handen en voeten en vooral veel geduld heb ik het kunnen uitleggen. Hij begrijpt het en ziet er blij uit.

We gaan terug naar mijn wagen en hij vraagt of hij me een koffie mag trakteren. Ik zeg: "Volgende keer, want ik moet er nu echt wel door." We zijn bijna aan mijn wagen wanneer hij plots stopt en zegt: "Jij komen, ik jou geven." Hij zegt het op zo een manier dat het voor mij duidelijk is dat dit iets dierbaars is voor hem. Het is zo helder en duidelijk voor mij dat ik met hem mee zal gaan. Geen twijfels meer en ik denk: "Als ik een keertje de yoga mis, is dat ook OK." We passeren mijn wagen en ik volg hem naar zijn bus. Hij zegt: "Mijn dochter in Mannheim wonen. Mijn vrouw zeggen, gaan naar Frankfurt en brengen dit naar dochter. Maar niet gaan. Ik geven jou." We komen aan bij zijn bus, hij gaat binnen en komt terug buiten met een zak. De grote zak is propvol en blijft nauwelijks recht staan. Er ligt een plastieken zakje bovenop dat hij wegneemt, een sandwich misschien? Nu zie ik courgettes, groot en klein, aubergines en aluminiumfolie. Met fierheid neemt hij de folie voorzichtig weg: gigantische bollen knoflook. Ik ben onder de indruk: "Ohhhh, zo grote en mooie groenten." Hij zegt: "Gisteren in tuin, nu hier, geen week oud, gisteren. Mijn vrouw en dochter in Bosnië!"

En nu kan ik ze voor me zien: de moeder, hoe ze de meest mooie groenten uit haar tuin oogst samen met de zus. Hoe ze met liefde alles inpakken voor dochter en zus. Zo is het leven in die landen. Ik zie hoe ze al hun liefde aan deze groenten geven. En nu zou ik dat allemaal moeten meenemen... Het pakt me, raakt met diep en er komen traantjes. Al die liefde. Ik vertel hem: "Oh, zo veel liefde daarin! Van moeder en zus." Hij omarmt me liefdevol en zegt: "Ik zak dragen!" Hij draagt de zak naar mijn wagen, zet de schatten in de koffer en ik rij weg. Het is kwart voor drieën ik arriveer in de kleedkamer om vijf voor drie. Waar ik mijn collega Diana tegenkom. Ik ben nog zo overdonderd van wat ik daarnet meemaakte dat ik het er allemaal uitsmijt. Ze luistert en als ik uitgesproken ben zegt ze: "Wel, dan ben je in de juiste gemoedstoestand voor yoga!" Dat is zo juist! We openen de deur en gaan binnen. We zijn op tijd, heel punctueel!

Tabea tekent

We zijn op vakantie en ik zit in de lobby van ons hotel. Naast me zit een meisje te tekenen. We hadden eerder al even oogcontact. Ik vertelde haar mijn naam en ze antwoordde: "Mijn naam is Tabea". Ik zei dat ik wachtte op mijn meisjes en zij vertelde dat ze aan het tekenen was. Ze is compleet geabsorbeerd door het tekenen en dat fascineert me. Af en toe onderbreekt ze het tekenen, kijkt naar haar tekening, kijkt naar haar kleurpotloden, kiest een nieuwe kleur en tekent verder. Nu heeft ze gedaan. Ze stapt naar mij, geeft me de tekening en zegt: "Alsjeblieft, voor jou".

Dat maakt me blij. Beter nog, ik word er helemaal vrolijk van en ik vraag me af hoe dat komt. Wat wekt die prachtige gevoelens binnen in me op? Ik ga inwendig op zoek en ontdek een hele bloementuin aan vervulde behoeften.

Ik zeg tegen haar: "Een geschenk. Voor mij? Oh, ik voel me vereerd, want je geeft alleen geschenken aan mensen die je graag hebt en nu denk ik dat je me graag hebt. Klopt dat?"

Ze trekt haar rechterschouder omhoog en kantelt haar hoofd ernaar toe, zo dat haar oor net niet haar schouder raakt. Ze lacht.

"En ik zie dat je blauw gebruikt hebt en rood en geel en purper in je tekening. Dat is behoorlijk kleurrijk. Kijk, mijn jurk is ook behoorlijk kleurrijk!"

Nu schommelt ze heen en weer op haar beentjes.

"Ik zag je tekenen en toe stopte je, keek naar je kleurpotloden en koos een kleur. Ik veronderstel dat je echt je tijd neemt om te kiezen welke kleur nu mooi zou zijn en wat er nog ontbreekt aan je tekening. Klopt dat?"

Ze zegt: "Uhu" en haar hoofd gaat op en neer in hele grote knikkende bewegingen.

"Ik neem ook graag mijn tijd om te kiezen wat mooi zou zijn." Op dit moment lijkt het erop dat we allebei surfen op een golf van esthetisch genieten.

Er popt nog iets op in me: "En er is nog iets waarvan ik echt genoot. Het leek erop dat het je echt plezier deed om mij je tekening als geschenk te geven. Ik vind geschenken geven ook zo tof. Het voelt zo fijn om iemand een geschenk te geven. En het voelt ook tof om geschenken te krijgen. Geven maakt iedereen blij, zowel de gever als de ontvanger. Ik vind dat geweldig. Jij ook?"

Er volgt weer een mega grote knik.

"Wil je ook een tekening maken?" vraagt ze. "Dan kun je ze ook weggeven."

Ja dat wil ik wel. Wat een geweldig idee.

En zo waren we beiden aan het tekenen, volledig geabsorbeerd in de wereld van kleuren en vormen, een wereld waar al de rest er niet toe doet.

Onvoorwaardelijke liefde
in een theemok

We nemen deel aan een training van negen dagen. We zijn twee dagen eerder toegekomen zodat de trainers genoeg tijd hebben om zich voor te bereiden. Mijn man Frank is hier als trainer, ik als deelnemer. We zijn gehuisvest met twee andere trainers in een chalet. Het is er geweldig. Het is aangenaam ingericht in Engelse landhuisstijl. Het kijkt uit op het meer en heeft een gezellige open haard. De moderne keuken, echt maatwerk met de hand gemaakt door een vakman is volledig uitgerust: er is zelfs een schiller aanwezig en natuurlijk kopjes. De drie trainers zijn in vergadering om de opleiding voor te bereiden. Ik heb de tijd, want voor mij is het vakantie en ik snuffel wat rond in de keuken. Ik kijk echt uit naar de intensieve ontmoetingen die eraan gaan komen. Mijn hart staat al veel meer open dan in het gewone dagelijkse leven. Eén van de trainers komt in de keuken. Hij wil zich een thee inschenken. Hij heeft een theekopje vast en doet er twee theezakjes in. Ik word nieuwsgierig. Als ik thee zet, gebruik ik één zakje voor een hele pot. Dus ik vraag het hem. Hij vertelt me dat hij heel graag thee drinkt uit een grote mok en dat hij de hele keuken heeft rondgezocht en dit de grootste kop is die hij kon vinden. Er is er eentje groter, maar die is bedoeld om vloeistoffen af te meten en is dus niet geschikt om er thee uit te drinken. Hij giet heet water in zijn kop en gaat terug naar de woonkamer.

Mijn hart wordt er warm van. Ik heb zojuist een heel kleine schat ontvangen van hem. Iets waarmee ik hem een plezier kan doen. Ik wil heel graag een grote mok vinden om zijn leven nog mooier te maken. Ik zoek opnieuw in alle schuiven en kasten, helaas zonder resultaat. Een tijdje later ben ik aan het winkelen om de tijd te doden en ik koop versnaperingen voor iedereen. In de supermarkt zoek ik een grote mok. Helaas, geen mokken. Jammer - het zou echt wel tof zijn.

Op de terugweg naar de wagen valt mijn blik op de beenruimte van de passagiersstoel. Daar staat mijn ontbijtkom. Ons vertrek de dag eerder was hectisch. Ik had mezelf een kom ontbijtgranen klaargemaakt en was er niet in geslaagd om ze voor ons vertrek op te eten. Dus had ik ze meegenomen in de auto en rustig opgegeten terwijl mijn man reed.

Deze ontbijtkom zou perfect kunnen dienen als een uitvergrote theemok. Er zat zelfs een grappig gezichtje op afgebeeld. Ik word helemaal enthousiast en vrolijk van die gedachte. Ik voel mijn hele lichaam warm worden van plezier en ik kan nauwelijks wachten om zijn gezicht te zien, als ik hem mijn kom leen. Ik beeld me in hoe zijn ogen zullen stralen, hoe hij zal beginnen glimlachen en hoe blij hij zal zijn.

Terwijl ik me dit inbeeld, geraak ik vervuld van puur plezier, een kinderlijke echte vorm van plezier. Mijn hart ontploft bijna van al die liefde die ik in me draag. Zoveel energie, leven en warmte. Ik beeld me in dat telkens hij van de kom drinkt, hij vrolijk wordt. Met al dat leven in me zweef ik terug naar onze chalet met een brede glimlach van oor tot oor. Wanneer ik binnenga, is hij druk bezig, volledig opgegaan in zijn werk. Ik wil niet storen. Ik ben wat teleurgesteld wanneer ik mijn plezier parkeer. Ik zet de kom op de tafel in de hoek en schrijf een post-it: "voor jou vanuit mijn hart. Geniet ervan."

Dagen gaan voorbij - op zo een seminarie gebeuren zeer veel dingen op korte tijd - en ik was de kom bijna vergeten wanneer ik in de chalet iets ga halen. Op mijn weg terug naar buiten roept hij me: "Ik wil je nog bedanken voor de mok. Ik ben er zo blij mee." Ik antwoord: "Oh, dat is mooi om te horen", en ik ga haastig verder. Ik wil graag tijdig op het seminarie zijn. Na enkele stappen buiten, pauzeer ik een moment. Ik merk dat er meer is dat gezegd wil worden. Ik keer om, ga terug en zeg: "Het kwam echt uit mijn hart." Hij glimlacht. Ik draai me weer om en zet mijn weg verder richting 'belangrijke afspraak'. Al stappend herinner ik me het moment dat ik de kom zag in onze auto en ik voel de warme gevoelens van toen terug. Ik besef dat er nog zoveel meer te vertellen valt over mijn plezier, maar dat dit niet het juiste moment daarvoor is.

Dagen gaan voorbij en op de laatste dag van de opleiding is het geschikte moment aangebroken. Mijn "theemoktrainer" geeft een workshop over "waardering" en ik doe mee. We zitten allen in een fictieve wachtkamer met de opdracht na te denken wie we willen vertellen dat hij of zij ons leven verrijkt heeft.

De bedoeling is om die persoon te vinden, samen ergens te zitten en hem of haar te vertellen hoe die mijn leven verrijkt heeft. Dit kan door te vertellen wat die persoon precies gedaan heeft, welke gevoelens dit in mij getriggerd heeft en welke behoeften daarmee voor mij vervuld werden. Nu is het uitgelezen moment om het te vertellen. Ik kies hem en we gaan in een hoekje zitten. Ik tril van enthousiasme. Wat is dit nu? Ik beef helemaal en ik ben totaal verrast door die reactie van mijn lichaam. Waarom tril ik nu als ik zoiets moois ga vertellen aan iemand?

Ik kies ervoor om mijn verwarring even te parkeren omdat ik zo graag mijn hele waarheid wil delen. Ik vertel hem hoeveel liefde er in mijn hart kwam toen ik de kom vond en hoe plezierig het was me in te beelden hoe blij hij zou zijn met mijn geschenk. Ik vertel hem hoe dat ongelofelijk veel deugd deed.

Dan deelt hij zijn kant van het verhaal: het was zo bijzonder om de kom te vinden met de post-it. Zo ontzettend waardevol. Dit cadeau voedde hem letterlijk en figuurlijk. Helemaal bedoeld voor hem, in de kern van zijn mens-zijn. Niet voor de

113

trainer, de vader of de partner of om het even welke rol hij aannam maar voor hem.

Toen ik dat hoorde, raakte het een diepe plek in mijn hart. Het was precies zoals ik het bedoeld had. En hij heeft het ook precies zo opgevat. Ik wilde vreugde brengen in zijn mooie ziel. Het bijzondere was dat hij me niet alleen het plezier gunde om dit cadeautje te mogen geven maar dat ook de kwaliteit van mijn intentie gezien werd. , Meer nog, dat dit een diep verlangen in hem voedde. En terwijl ik dit nu schrijf, komen die wondermooie gevoelens helemaal terug. Keer op keer word ik ondergedompeld in onvoorwaardelijke liefde. Oh, en ik vroeg me nog af waarom ik zo opgedraaid was op het moment dat ik koos om hem mijn waarheid te vertellen. Wellicht omdat ik de pure kwaliteit van liefde zo intens ervaarde. Het delen van zoiets bijzonder maakt me ook kwetsbaar. Ik vraag me af of dit de reden kan zijn waarom er zo weinig waardering wordt uitgesproken: omdat het ons kwetsbaar maakt?

Ervaringen uit ons gezin.

De koffiekop

Vrijdagmorgen. Mijn man is weg naar een seminarie. Ik wandel de keuken binnen en zie zijn koffiekop staan. De kop staat boven op de vaatwasser. Dit moet ik even herhalen: Het staat pal bovenop de vaatwasser. Gosh! Wat ben ik boos. De kop staat er ALWEER bovenop! Serieus? Waarom kan hij niet gewoon doen wat ik hem vraag? Is dat nu echt teveel gevraagd? Is het zo moeilijk om de stomme kop IN de vaatwasser te zetten? Ik heb het hem al zo vaak gezegd en we hebben er recent nog uitgebreid over gediscussieerd. Ik heb zelfs de vier stappen van NVC gebruikt. Ik vertelde hem mijn behoeften: Orde en hulp. Waarom werkt dat niet? Dit hele NVC gedoe is waardeloos...

Klopt dat? Misschien kan ik het toch nog eens proberen? Nog één keertje, OK! Ik beslis om nog eens op onderzoek te gaan om de noden te vinden onder 'orde' en 'hulp'.

Een vriendin van me, Lorna Ritchie, had me een zeer handige metafoor verteld: Een empathische zoektocht is zoals het pellen van een ui. Je kunt die laag voor laag pellen en je afvragen: "Wat is er vervuld als behoefte X vervuld is?" Telkens als er

115

oordelen naar boven komen, kun je kijken naar hun tegengestelden om uiteindelijk bij de behoefte te komen. En zodra die helder is, ben je bij de volgende laag van je ui en kan je het proces herbeginnen. En hoe dichter je bij de kern komt, hoe meer traantjes er komen.

Ik begin dus te pellen. Als alles op zijn juiste plek staat, zoals ik het graag heb en dus mijn 'orde' vervuld is...warme gevoelens in mijn buikstreek komen naar boven. Ik adem heel diep in en adem lang uit. Dan is het tof thuis. Dan kan ik eindelijk rust vinden. Als alles is zoals ik het graag heb dan kan ik eindelijk neerzitten en ontspannen. Dan heb ik eindelijk tijd voor mezelf. Nu ben ik kalmer en aangename gevoelens vullen me op. Dat is exact wat ik hem wil vertellen, de volgende keer als we het hierover hebben.

Nu komen er nieuwe gedachten naar boven: "ALWEER. Hij heeft het alweer gedaan. We hebben het erover gehad. Hij weet wat ik wil en toch deed hij het alweer." Ik focus op mijn lichaam en merk hoe mijn schouders omlaag vallen terwijl vermoeidheid en uitputting zich spreiden. "Ik heb het hem al zo vaak gezegd." - Ja, ik wil gehoord worden. Maar hij heeft me gehoord! Hij heeft het zelfs herhaald. Netjes volgens het boekje. Dus waarom doet hij het dan toch niet? Waarom doet hij niet wat hij beloofd had? Wat houdt hem tegen om dit ietsiepietsie kleinigheidje voor mij te willen doen?

Het doet me denken aan iets dat Marshall B. Rosenberg zei, iets dat ik bijzonder waardevol vind. Ik heb het zelfs gelamineerd en aan onze voordeur gehangen als een constante herinnering: "Alles wat we doen is het beste en mooiste dat we op dat moment kunnen bedenken om onze behoeften te vervullen."

Dus, welke behoefte vervult mijn man, als hij de kop boven op de vaatwasser laat staan. (En dus mijn verzoek negeert) Het moet iets zeer dierbaars zijn. Ik word er nieuwsgierig van en besluit om hem precies daarnaar te vragen.

Wat nu nog rest, is een zekere twijfel: Ben ik wel belangrijk genoeg voor hem? Tel ik mee? Heb ik een plek in zijn hart? En terwijl ik mezelf dit zo serieus zit af te vragen, komen er verschillende momenten naar boven. Neen, ik moet me daar geen zorgen over maken. De koffiekop op de vaatwasser is niet het juist gekalibreerde meetinstrument om die vraag te beantwoorden. Fjioew, godzijdank - ik ben opgelucht.

We nemen de tijd voor de conversatie. Ik deel mijn ontdekkingen en inzichten met hem en hij is bereid om zijn kant te onderzoeken. Zo gaan we samen op pad en ontdekken we de 'ja' verborgen achter zijn 'neen'. De kostbare behoefte die hem ervan weerhoudt om in te gaan op mijn verzoek. Onbewust bakent hij zijn territorium af door sporen achter te laten wanneer hij het huis gaat verlaten. Op die manier wil hij laten merken dat hij er nog

steeds is, dat hij een plaats heeft in ons gemeenschappelijke huis. Toen ik dit hoorde, raakte
het me en iets binnen in mij veranderde. Eigenlijk
is hij wel vaak weg. Dus nu vraag ik hem om zijn
koffiekop op de vaatwasser te laten staan, want nu
heeft het een andere betekenis voor me. De koffiekop is nu een herinnering dat hij nog steeds bestaat
in mijn leven, zelfs als hij op de baan is en daar ben
ik dankbaar voor. Nu kan ik rustig in mijn armstoel
zitten en als ik de kop zie is hij op één of andere
manier toch aanwezig en daar ben ik blij en dankbaar voor.

En telkens als het beeld van de koffiekop me
stoort, zie ik het nu als een teken om iets aan de
relatie te doen. Een teken dat om aandacht of ver-
duidelijking vraagt of om gewoonweg iets moois
samen te doen, iets wat de relatie voedt.

Waarom moet ik mijn
kamer opruimen

Een klassiek onderwerp voor conflicten. Ze komen vaak naar boven in oudertrainingen en we hebben ze zelf ook meegemaakt. Zoals naar bed gaan, tanden poetsen, 's ochtends op tijd vertrekken, huiswerk maken, kamers opruimen, de vuilnis buiten zetten en gebruik van schermpjes (smartphone, tablets, TV en computers).

Eén van de eerste belangrijke onderwerpen thuis betrof het opruimen van de kamers. Ik kom de kamer van mijn dochter binnen en zie verschillende kledingstukken op de grond liggen, te midden van stiften en tekeningen. Dat wordt de eerste stap: de observatie. Een zuivere observatie werkt beter dan: "Wat een zwijnenstal!" uit te roepen. Het benoemen van de concrete feiten in plaats van een oordeel haalt veel druk van de ketel.

"Wanneer ik kleren op de grond zie liggen, voel ik me...". De uitdaging start: Wat voel ik dan?

Ik nodig je uit om je eigen zoektocht te maken naar wat jij daarbij echt voelt. Wat triggert die observatie in jou? Ben je boos, geïrriteerd, ontgoocheld, gefrustreerd? Voor mij lag het tussen verveeld en boos.

De volgende stap is om te ontdekken welke behoefte achter dat gevoel schuil gaat. Waar gaat het nu echt over? Wat ontbreekt er of wat is er onvervuld? Gaat het over orde?

Voor mij ging het wel degelijk over orde, toch als topje van de ijsberg. Ik kan verder gaan met te vragen is dat echt alles? Ben ik echt zo begaan met orde? Ach, daar is de ui terug: de buitenste laag is orde. Als ik die wegneem, komt een dieperliggende laag tevoorschijn. De vraag die daarheen leidt is: wat is er voor mij vervuld als de behoefte aan orde vervuld is?

Wat is er voor jou vervuld?

Ik ontdekte: dan voel ik me op mijn gemak in mijn huis. Dan kan ik eindelijk rust vinden, mijn batterijtjes opladen, net hetzelfde als in het verhaal met de koffiekop. Ja, dat voelt goed, daar hunker ik naar.

En tegelijkertijd moet er nog meer achter zitten want ik kan ook gewoon de deur van haar kamer sluiten en in mijn comfortabele stoel zitten. De zoektocht gaat verder. Wat heb ik nog meer nodig? Er borrelt iets naar boven in de zin van 'waarden doorgeven'. Ik wil graag mijn kostbare, helpende ervaringen doorgeven. Al die dingen die mijn leven mooier en makkelijker gemaakt hebben. Op dat moment popt mijn man naar boven in mijn gedachten. Hij leeft een volledige andere invulling van orde voor - en wonderbaarlijk - het lukt hem nog aardig ook.

Aha, opnieuw popt er iets naar boven. Ik wil graag dat mijn dochter het makkelijk heeft in haar leven. Die gedachte opent een andere deur. Mijn aandacht verlegt zich naar alle dingen die ze geleerd heeft en ik realiseer me dat ze een immense voorraad van hulpmiddelen tot haar beschikking heeft. Ik voel mijn vertrouwen in haar groeien en daardoor kan ik een beetje loslaten. Het lijkt allemaal niet zo belangrijk meer of ze mijn principes over orde minutieus opvolgt. Mijn boosheid is volledig weggeëbd. In plaats van angst baad ik nu in vertrouwen en lichtheid. In deze energie kan ik haar benaderen en mijn inzichten delen. Samen kan ik vieren hoe mooi het voor me is als de vloer opgeruimd is. Hoe comfortabel ik me erbij voel, hoe makkelijk ik de spullen terug kan vinden wanneer ze altijd daar liggen waar ze horen te liggen. En: dat ik wat meer opensta voor andere concepten van leven en orde. Want, als de dingen op de vloer liggen, is het makkelijker om ze te vinden.

Misschien maak je de bedenking: wat gebeurt er met de kamer? Betekent dit dat ik moet leven met een niet opgeruimde kamer?

Neen. Mijn acceptatiegrens ligt gewoon wat verder maar er is nog steeds een grens, mijn grens! Die loopt gelijk met mijn energieniveau van het moment en kan daardoor variëren. Als die grens overschreden wordt dan wil ik dat er echt iets gebeurt. Tegelijk dient dit voor mij als knipperlicht, tijd om anderen te informeren wat er in me omgaat. Mijn dochter wil heel graag weten wanneer ik die limiet nader. In die gevallen komt het voor dat ze opruimt of dat we samen tijd doorbrengen. Want vaak wanneer ik die grens nader, zit ik vast, verstrikt in mijn eigen oordelen over anderen en zelfs over mezelf. Wat ik op zo een moment echt nodig heb is contact, nabijheid, begrip, misschien zelfs wat hulp.

Voor mij is mijn boosheid getransformeerd in een waarschuwingssignaal, een alarmklok die zegt: Hello-ow! Je hebt een dringende behoefte! Je zit vast in je hoofd en je moet nodig terug verbinding maken met datgene wat echt belangrijk is voor je. Met dit nieuwe doel voor mijn boosheid is het zoveel makkelijker voor me om tijd te nemen voor mezelf en uit te zoeken wat er echt speelt, in plaats van aanstoot te nemen aan dingen of te reageren met een tegenaanval.

Een Master diploma in Boosheid verbergen

Dit verhaal gaat terug naar de tijd dat mijn dochters 9 en 12 waren. We waren nog maar net verhuisd naar ons nieuwe huis toen, de keuken was in een piepklein kamertje. Ik had de gewoonte om een stoel te zetten in de hoek, als een open uitnodiging, als een signaal dat schreeuwt: 'Ik ben er nog steeds voor jullie, zelfs als ik aan het koken ben. Zet je alsjeblieft en hou me gezelschap! Echter, het probleem met die stoel was, dat die zich steeds achter me bevond, telkens ik aan het koken was. Als er dan toch iemand op zat, moest ik me omdraaien om oogcontact te hebben. Het was hard voor me, om steeds alleen te koken. Ik had graag iemand bij me gehad. Niet noodzakelijk om me te helpen, gewoon voor het gezelschap.

Op een dag stond ik in de keuken, roerend in mijn kookpot terwijl ik dus noodgedwongen naar de muur keek. Frank was weg naar een of ander seminarie. De dag op zich was al uitputtend geweest en ik stond daar dus eenzaam en alleen. Ik was er ambetant door. Ik zat verstrikt in de gekende gemoedstoestand: 'Ik moet hier ook altijd alles alleen doen, toen mijn oudste dochter de keuken binnenkwam en plaats nam op de stoel achter me. Ze observeerde me even en vroeg toen: "Is alles ok?"

"Natuurlijk!" antwoordde ik kort.

"Ben je zeker?"

"Ja hoor."

Ergens had ik de idee van NVC opgepikt, dat het niet gepast was om boos te zijn, vooral niet als gecertificeerd trainer. Ik had ook begrepen dat boosheid voortkwam uit 'foute' gedachten en dat het mijn eigen verantwoordelijkheid was om deze gedachten via een zelf-empathie-proces te transformeren, zodat de boosheid weg zou gaan. Om dit proces te blijven herhalen totdat de boosheid uiteindelijk getransformeerd is tot een prachtige levensondersteunende behoefte. Om daarmee door te gaan totdat alle 'negatieve' energie weg was, en totdat alle beschuldigingen en kritieken uit mijn hart waren verdwenen. Dat werkt goed in seminaries met de juiste setting, genoeg rust en kalmte, massa's tijd en begeleiding van de trainer. Maar in het alledaagse leven, was datzelfde proces van zelfempathie een behoorlijke uitdaging en soms bleef ik vastzitten in mijn boosheid of in gedachten als: 'Ik ben toch zo ongelofelijk het slachtoffer hier.' En ik wou kost wat kost vermijden dat ik die boosheid op de kinderen zou projecteren. Ik was bezorgd, dat ik hen zou versmachten met mijn boosheid, dat het hen zou schaden en dat het onze relatie zou schaden.

Dus, koos ik ervoor om te zwijgen en mijn boosheid te negeren, te begraven. Ik voelde ook wat schaamte omdat ik wist wat ik zou moeten doen, in theorie, maar op zo een moment lukte het maar niet. Uiteindelijk faalde ik.

"Je ziet eruit alsof je boos bent!" zei ze.

Mijn brein ging als een razende tekeer. Verdorie, ze houdt vol. Hoe geraak ik hieruit?

"Hoe kom je daar nu bij?" vroeg ik, terwijl ik me naar haar keerde.

Ze zag er ontspannen uit terwijl ze zei: "Wel, telkens als je boos bent, wordt je gezicht rood, je knijpt je ogen bijna dicht, je fronst, bijt op je tanden en je ademt sneller."

Verdorie, betrapt. Ik ben verbaasd en nieuwsgierig en ik vraag: "Hoe lang weet je dit al?"

"Wel …, ik heb het altijd al geweten denk ik."

O mijn God, ik was echt overtuigd dat gevoel perfect te kunnen verbergen. Toen verscheen mijn jongste dochter. Ik vroeg haar: "Valt het je soms op dat ik boos ben, zelfs als ik het niet zeg?"

"Natuurlijk."

"Hoe weet je dat dan?"

Onmiddellijk zei ze: "Als je boos bent wordt je gezicht helemaal rood, je knijpt je ogen dicht, je fronst, bijt je tanden samen en je ademt veel sneller."

Mijn mond valt open van verbazing dat ik de titel van 'Meester in het Verbergen van Boosheid' helemaal niet verdien.

Ze voegt nog toe: "Weet je, als je ons tijdig zou laten weten dat je boos aan het worden bent, dan kunnen we je misschien helpen voordat je explodeert."

Wow.

Ik realiseer me: Het is zinloos om mijn boosheid te verbergen, want ze voelen het sowieso. Weer een puzzelstukje dat op zijn plaats valt en me aanmoedigt en bevestigt op mijn pad van empathie naar authenticiteit. Bedankt meisjes.

Twee jaar later verbouwen we. De keuken is nu in de grootste kamer van ons huis. Het is een open keuken met centraal een kookeiland waar meerdere mensen rond kunnen zitten. En als ik nog eens in een pot roer kunnen mensen tegenover me zitten en me gezelschap houden terwijl ik ze kan aankijken.

De wasmand

Dit verhaal vindt plaats rond dezelfde tijd als de gebeurtenissen in het vorige hoofdstuk. De wasmand staat in de hal recht tegenover de kinderkamers. In de mand zit de propere was, netjes opgevouwen en gesorteerd per kind. De mand staat daar te wachten totdat mijn dochters hun kleren opbergen in de juiste kast. De mand staat daar nu al meer dan twee dagen en met elk bijkomend uur groeit het gegrom in mijn buikstreek. Deze keer neem ik wel de tijd voor zelfempathie. Want ik ben het waard. Ik gebruik mijn gelamineerde kaarten en sta op de observatie. "De was ligt in de mand vlak voor jullie deur." Ik doe een stap voorwaarts en sta nu op gevoel. "Ik ben geïrriteerd omdat ...". Ik stap nu op de volgende kaart: de behoefte. "Ik mis respect. En waardering. En bevestiging."

Nu maak ik een sprong naar de Jakhalsshowkaart. Deze kaart dient voor het ventileren van al je interpretaties, oordelen, beschuldigingen en kritieken door het uit te gillen. Hierdoor kan er waardevolle informatie tevoorschijn komen. Meestal komt zo de behoefte naar boven in een negatieve verborgen vorm, zoals: "Jullie zijn zo respectloos!" Nu moet ik enkel het tegengestelde zoeken en ik krijg de behoeften op een zilveren presenteerblaadje. In dit voorbeeld: "Ik heb behoefte aan respect." Toen ik NVC leerde kennen was dit een extreem behulpzame strategie. Ik herinner me nog een situatie waar mijn jakhals schreeuwde: "Jij bent zo een ei-kel!" Wel hmmm, wat is het tegengestelde van 'ei-kel'? Dat was een hele uitdaging. Ik had twee da-gen nodig om daaruit te raken. Het was: "Ik wil je in al je schoonheid zien." Die vertaling was een echte eyeopener voor me.

Maar nu terug naar dit verhaal. Ik sta op de Jak-halsshow-kaart:

"Heeft iemand enig benul hoeveel werk ik hierin steek? Eerst moet de vuile was twee verdiepingen naar de kel-der gedragen worden. De mand is steeds overvol en ter-wijl ik die naar beneden draag, vallen er kledingstukken uit. Ik draai me om in de smalle trapgang, ik raap ze op terwijl ik probeer te voorkomen dat er andere kleren af-vallen. Ik draai terug naar beneden terwijl ik mijn even-wicht probeer te bewaren op de smalle draaitrap. Aange-komen bij de wasmachine sorteer ik de was per kleur. Ik moet beslissen of donkergroen bij de kleurwas past of is het eerder iets voor de donkere was. Verdorie, te veel kleurenwas voor één machine. Hm, ik vermoed dat deze jeans wel bij de donkere was zal overleven. En ik was de eerste lading.

Na een uur ben ik terug in de kelder en ik ontdek dat de droogcyclus nog vier minuten nodig heeft. Pfff! Te lang om te blijven wachten en naar de machine te staren, te kort om twee verdiepen terug naar boven te gaan. Als ik toch naar boven ga, dan ben ik steevast verleid om een ander taakje te beginnen waardoor ik de was vergeet en alles met minstens een uur vertraging oploopt. Noodge-dwongen wacht ik maar. Ik heb de indruk dat de wasma-

chine een ander tijdsbesef heeft dan ikzelf. Die vier minuten lijken eeuwig te duren. Nu, ah, neen nog een minuut. De trommel draait. Pauze. En nog eens en nog eens en nog eens en nog eens... Ik vraag me af wie zoiets bouwt. Als de machine tien minuten nodig heeft, toon dan gewoon die tien minuten op het scherm. Uiteindelijk hoor ik de bieps. De verlossende drie korte beeps, kort na elkaar. Ik spring naar de deur en trek er hard aan. De machine blijft koppig dicht. In plaats van te openen gaan er nu allerlei lampjes flikkeren. Oh, nee, alsjeblieft niet! Ik adem eens diep in en dan komt het: een lange biep gevolgd door een stille klik. Ik probeer opnieuw, deze keer voorzichtig en: hij gaat open! OK, eindelijk!

Ik buig me en laad de was uit de machine in de mand. Ik hijs de mand bovenop de machine - geweldig idee van Frank om een werkblad boven de wasmachine en de droger te voorzien. Vervolgens komt het sorteerwerk: wat mag er in de droger en wat moet ik buiten ophangen om te drogen. Droger aan. Volgende lading in de wasmachine en de rest buiten ophangen. Klaar - tenminste voor even. Deze keer ben ik slimmer: ik zet mijn alarm op één uur en twintig minuten. Tegen dan is de droogcyclus ook gedaan.

Dat uur en twintig minuten later loopt alles vlot. De wasmachine heeft gedaan en ik herhaal de procedure. Dan volgt het vouwen - alles op dezelfde grootte, zodat de kleren netjes op elkaar kunnen liggen. En uiteindelijk rest enkel nog het sorteren volgens kind 1, kind 2, mijn man en ik. Op deze manier maak ik het heel makkelijk om de kleren weg te bergen in de kasten boven. Dat

vraagt wel vaardigheid! Ik kan dat vrij goed en voel me
wat trots op dit moment.

Dan draag ik de was naar boven en stop mijn was en
die van Frank netjes in de kast, (waarom stop IK Franks
kleren in de kast?). En de was voor de kinderen zet ik
voor hun deur. Het opbergen verwacht ik van hen. Ik heb
al de rest gedaan en dat doe ik wekelijks. Dus, ja, is het
echt te veel gevraagd opdat ze hun eigen, gewassen, ge-
droogde, gesorteerde en netjes opgevouwen kleren in
hun kast stoppen?

Ik ga terug naar de behoeftekaart. Ik wil gezien
worden in alle moeite die ik voor hen doe. Ik wil
waardering voor dat alles. Ik word kalmer. Er popt
een vraag naar boven: "Tel ik mee? Ben ik van belang?"

Ik weet zelfs niet op welke kaart ik nu moet
staan, want het is een inzicht. Ik ben geshockeerd.
Dit had ik niet zien aankomen. Meet ik de mate
waarin ik van belang ben af aan: of de meisjes hun
kleren wegsteken in hun kast? Hoe dom is dat! Het
houdt geen steek! Ik word continu bedolven onder
uitdrukkingen van hun liefde, omarmingen, knuf-
fels, tekeningen, berichtjes met lieve boodschap-
pen en ik meet de mate waarin ik van belang ben
voor hun, af aan stomme was? Geen wonder dat
mijn buik gromde daarstraks.

Ik ga een nieuw grondankerkaart maken. Eentje
met inzichten. Een gloeilamp zou een goede visua-
lisatie zijn voor die kaart.

En het wasverhaal? Dat is opgelost. Van die dag af hanteer ik een andere strategie: Ik zet de was gewoon op hun bed in plaats van voor hun deur. En de wasmand gaat gewoon terug waar die hoort. Op een avond bij het avondmaal deelde ik mee hoe vervelend kleren wassen soms kan zijn. Ik vertelde het net zo grappig als hierboven en we lachten er smakelijk om. Sinds die dag hoor ik af en toe: "Bedankt mama, voor de was."

'Zwemmen gaan' werkte altijd

Het is zomer en warm. Warm genoeg om te zwemmen. Ik kan slecht tegen de hoog oplopende temperatuur in huis. Dan wil ik naar buiten bij voorkeur naar een meer. Daar heb ik geen 'to-do's'. Ik kan gewoon genieten van de tijd met de kinderen en mezelf. Ik grijp elke gelegenheid aan om met de kinderen naar het meer te gaan. Ik bereid veel eten zodat we zeker voldoende hebben en weg zijn we. Zo ver als ik me herinneren kan, is dit hoe we het altijd deden. En iedereen wist het: als de zon schijnt en moeder komt thuis, dan pakt ze als een bezetene eten in en weg zijn we, naar het meer. Het waren steeds plezante tijden, iedereen was ontspannen en had plezier.

Mijn jongste dochter is ondertussen 13 en ze zit vaker in haar kamer met de deur dicht. Vaak, veel te vaak naar mijn zin. Wanneer ik vandaag thuis kom, zit ze in de keuken. Ik vraag of ze mee wil naar het meer en ze zegt "Ja."

Op de heenrit is ze zwijgzaam. Uiteraard vraag ik: "Hoe was je dag?"

Ze antwoordt "Ok."

Einde van het verhaal! We arriveren aan het meer, ze stapt uit de auto en begint onmiddellijk te wandelen. Ze stapt vier stappen voor me uit, ik zie alleen haar rug. Ik draaf wat stom achter haar aan. Mijn buikstreek gromt en ergens doet er iets pijn.

Ze spreidt haar handdoek en zit vlak voor me. Ik kan weer alleen haar rug zien. Ik denk: verdorie toch. Er is iets met haar. Heb ik iets misdaan? Misschien is er iets op school gebeurd met haar vrienden of een leerkracht of misschien is er iets met een jongen? Ik zou heel graag willen weten wat er scheelt.

Dus ik zeg: "Is er iets dat op je maag ligt?"

"Nee-een" zegt ze op een bepaalde toon die verveeld klinkt.

Ik vraag: "Ben je verveeld?"

"Nee, Ik ben gewoon moe. Ik ga een dutje doen."

Ze legt zich op haar buik en gaat slapen.

Ik verlang naar wat contact of op zijn minst duidelijkheid over wat er met haar is. Ik ervaar een grote afstand tussen ons, zelfs al ligt ze zo dicht bij me. Ik voel wat frustratie en voel me hulpeloos. Terwijl ik graag wil helpen. Ja, ik wil graag bijdragen en haar leven wat mooier maken. Het is zo overduidelijk dat ze ongelukkig is. Er is iets niet in de haak bij haar. En ik wil haar heel graag helpen daarmee. Ik wil haar ondersteunen. De beste strategie die ik kan bedenken is empathie geven. Maar als ik haar iets vraag, sluit ze zich verder af. Ik zit vast, ik draai in rondjes hier.

Ze wordt wakker en gaat voor een tijdje naast me liggen tot ze zegt: "Ik verveel me, kunnen we teruggaan?"

Ja, dat doen we. Mijn plezier niveau is min 20 en ergens ben ik zelfs opgelucht als ze in haar kamer verdwijnt. Gelukkig is mijn man thuis om me te aanhoren. Het doet altijd goed als ik dingen met hem kan bespreken. Ik hoor dat hij er dezelfde emoties bij heeft. Dat helpt een beetje. Ik ben tenminste niet alleen.

Maar dan vraagt hij: "Heb je haar al ooit verteld hoe jij je voelt?"

Neen. Nee, dat heb ik nog nooit gedaan. Waarom niet? Omdat ze zelf al zoveel op haar bord heeft. Ik wil haar niet nog meer belasten met mijn beslommeringen. Ik wil me ook niet kwetsbaar tonen naar haar. En ik wil ook niet dat mijn emoties afhangen van haar toestand. Tenslotte is het mijn taak om voor mijn eigen gevoelens te zorgen, toch? En ik wil vooral niet dat zij zich blij gaat voordoen om mij te behagen. Misschien mis ik gewoon de moed. Misschien vrees ik dat ik niet belangrijk genoeg ben en twijfel ik dat het best OK is om iets van haar te vragen. Amai. Verwarring alom. Zo veel gedachten. De vragen "Wat is OK om te doen en wat niet?" en "Wie is verantwoordelijk voor wat?" spoken door mijn hoofd. Ik kan er geen overtuigend antwoord op bedenken en geef uiteindelijk op. Ik vertel mezelf: "Ze zit gewoon in haar puberteit. Ogen dicht en wachten maar."

Later die dag komt ze in de keuken binnen en zet zich op een stoel vlak voor me. Ik kijk haar aan. Plots voel ik me moedig genoeg en zeg ik zoiets in de trend van: "Weet je, mijn hart breekt als ik geen verbinding kan maken met je." Ze heft haar hoofd op en kijkt me aan, recht in mijn ogen. En daar is het! Het contact waar ik zo naar verlangde. Het is zo intens dat we beide tranen in onze ogen hebben en ze zegt: "Ik snap er niets van. Vroeger was je er altijd in de namiddag en plots was je altijd weg."

Ja, dat klopt. Recent ben ik begonnen met wat langer te werken en ik ben ook begonnen met vrienden af te spreken. En daardoor was ik in de namiddag niet meer thuis. Ja dat klopt. Dat is veranderd. Ik realiseer me dat dit een bewuste keuze is en die wil ik haar nu vertellen. Ik was het zo beu om de hele namiddag in de buurt te zijn en te wachten tot iemand haar kamer verliet en me 'nodig had'. Ik voelde me waardeloos. Dat is waarom ik begon uit te kijken naar nieuwe activiteiten.

Ze beaamt dat ze me niet meer langer 'nodig heeft' toch niet zoals vroeger. Ze is ook blij voor me dat ik nieuwe betekenisvolle dingen heb gevonden in mijn leven. Ergens is ze zelfs opgelucht want ze heeft zelf genoeg op haar bord en wil niet ook nog eens voor mij verantwoordelijk zijn.

Het was de start van een fantastisch gesprek. Beiden realiseerden we dat onze oude strategieën om samen kwaliteitstijd door te brengen niet meer werkten. We rouwden er samen om en begonnen uiteindelijk te zoeken naar nieuwe strategieën. Nu gaat het niet meer over 'nodig zijn' maar meer over 'deelnemen aan het leven van de ander' en over samen mooie dingen meemaken.

Sindsdien zoeken we vooraf nauwgezet samen naar wat we willen doen. Het moet de vraag invullen: "Is wat we in gedachten hebben, geschikt om samen een mooie tijd door te brengen?" Samen een mooie tijd doorbrengen zoals 'We beleven samen iets en hebben plezier terwijl we dat doen.' Dit kan eender wat of waar zijn. Dus wat we doen, maakt nauwelijks nog iets uit. Dat is het alleen een kwestie van bepaalde dingen niet te doen, dingen die voor één van ons een brug te ver zijn. Met die attitude vinden we zo makkelijk plannen voor familie events.

Mijn inzicht: Om contact te maken, kan het helpen om de ander mijn wereld te laten zien. Er is wel moed voor nodig en de overtuiging dat ikzelf belangrijk genoeg ben. Je verstoppen achter empathie en in de beschutte coulissen blijven, is lekker veilig, maar soms niet genoeg. Soms is het nodig om jezelf kwetsbaar te durven tonen. (De metafoor 'om veilig beschut in de coulissen van een theater te blijven of in het spotlicht te stappen en je kwetsbaar te durven tonen', komt van Karin Ferfers.)

En uiteindelijk is er nog het rolmodel. Kinderen leren meer van wat hun voorgeleefd wordt dan wat we hen zeggen of waarvan we hen willen overtuigen om te doen. Dus, ben ik moedig genoeg om mezelf kwetsbaar te tonen hoe mijn wereld is, zodat de ander die kan zien of misschien zelf kan uitproberen: werkt dat voor mij? Of kies ik te doen zoals mijn vrienden? Tenslotte is de puberteit toch de zoektocht van adolescenten naar hun eigen identiteit. Het kan dus een geschenk voor adolescenten zijn om te ervaren hoe ouders omgaan met het evenwicht tussen 'Jij bent belangrijk voor mij' en 'Ik ben belangrijk voor mij'. Dit is wat mijn hoofd me nu zegt - de uitwerking ervan blijft een uitdaging.

De eerlijke Nikon

Dit verhaal vond net plaats en als schrijfster is dit voor me onbekend terrein. Tot nu toe schreef ik steeds over dingen die vroeger gebeurden. Nu ben ik zo opgewonden dat ik niet weet waar ik moet starten. Kerst is net voorbij en Frank deed zichzelf een nieuw fototoestel cadeau. Een Nikon DSLR camera. Hij testte het toestel gedurende de kerstperiode en nu pakt hij alles voorzichtig terug in om terug te zenden. Ik schrijf wanneer Frank binnenkomt en aan mijn bureau plaatsneemt. Hij zegt: "Ik zou graag je mening horen over wat ik moet doen met de camera." Ik kijk naar hem, kijk nog wat langer, recht in zijn ogen. In zijn ogen lees ik dat hij het meent. Hij ziet er ook ietwat ontgoocheld uit. Ik word nieuwsgierig en sluit mijn laptop. "Je ziet er ontgoocheld uit? Wat scheelt er met de camera?". Hij zucht, "Wel, hij doet het niet helemaal. Hij is niet snel genoeg voor een Nikon."

Ik laat zijn woorden even bezinken. Een Nikon. Herinneringen borrelen op. Frank en ik hebben elkaar ontmoet op een fotografiecursus. De Volkshogeschool - naaktfotografie. Ik had een Minolta - volledig uitgerust met autofocus lenzen en allerlei technische snufjes. Hij had een goeie ouwe Nikon. Eentje waarbij je alles manueel moest instellen. In gedachten zie ik hem terug voor me, in de fotocursus met zijn Nikon. Zijn hand steeds aan de lens om scherp te stellen. Hij had iets 'gedurfds' waar ik toen al verliefd op was. Mijn hart wordt warm en een stomme grijns verschijnt op mijn gezicht. Ik denk dat ik op dit ogenblik terug verliefd op hem aan worden ben terwijl ik herinneringen ophaal. We deelden de passie voor fotografie, de zucht naar het esthetische en de nieuwsgierigheid om dingen vanuit een ander standpunt te kunnen zien. Hij met zijn Nikon, ik met mijn Minolta. In die tijd trokken we erop uit met onze volgepropte cameratassen met verschillende lenzen en zelfs licht weerkaatsende doeken waarmee we fantastische foto's maakten, meestal in zwart en wit. We installeerden een donkere kamer in de kelder waar we de fotofilm zelf belichten. Deze gemeenschappelijke hobby heeft ons samengebracht, we konden onze creativiteit de vrije loop laten en hadden tonnen plezier. Het waren mooie tijden. Ik voel melancholie opkomen. Waar is die tijd naar toe?

Natuurlijk! We hebben kinderen gekregen en in het begin namen we prachtige foto's van hen. Toen kwamen de digitale compact camera's: klein, handig en praktisch om overal mee naartoe te nemen. Zo vervelden de 'prachtige foto's' tot 'leuke kiekjes'. En uiteindelijk namen de mobiele telefoons het over waarmee we meestal selfies maken. Elk jaar uit ontelbare foto's voor het jaarlijkse fotoalbum selecteren. Een album dat je hoogstens nog één keer doorbladert om dan stof te vangen in het rek. Hoe is dat toch zo geworden? Ik vraag me af of Frank dat ook zo aanvoelt en vraag hem: "Wat zou je met de camera willen doen?"

"Echte foto's maken, ik wil échte foto's maken. Als ik mijn hand aan de lens van zo een geweldig toestel heb, voel ik het verlangen om terug echte foto's te maken. Het is zo ongelofelijk anders om een foto te nemen van een camera dan van een telefoon."

"Je bedoelt zoals vroeger?" Ik voel iets wakker worden in me, het verlangen naar alle dingen die we toen hadden en ik zeg: "Ik zie je nu voor me, net zoals toen ik je ontmoette met je eerlijke robuuste Nikon. Die met de vaste brandpuntsafstand en al die manuele instellingen. Is het dat wat je bedoelt?"

"Inderdaad" zegt hij. Zijn ogen stralen van verwachting. Ik besef plots dat die tijden voorbij zijn. Ik denk niet dat ze nog filmrolletjes verkopen. En zelfs als ze dat toch zouden doen, zouden ze een fortuin kosten. Neen, die tijden komen niet meer terug. Er is geen digitale Nikon in de wereld die zulke tijden kunnen terugbrengen. Ik voel een steek in mijn hartstreek en zeg: "Ik realiseerde me juist dat die tijden niet terugkomen en dat doet pijn. Ze zijn voorbij, zelfs met een Nikon. Voel jij je ook zo?"

"Ja, ik voel het ook."

We ervaren een moment van eenwording, die kostbare tijd samen. Samen rouwen we dat sommige dingen voorbij zijn en niet meer terugkomen. Het is gewoon voorbijen dat is vreselijk jammer.

Na een tijdje zegt hij: "Ik wil terug een camera hebben, eentje die ik helemaal zelf kan ontdekken, eentje die ik compleet kan verkennen, waarmee ik mezelf kan verliezen in het leren kennen ervan.

139

Daar kan ik van genieten. Ik wil mezelf ook voldoende tijd gunnen om me goed te informeren. Om me te beraden wat ik ermee wil doen. Ik heb zoveel ideeën. Ja, ik wil in staat zijn mijn creativiteit weer de vrije loop te laten. Morgen breng ik deze camera terug en koop ik wat fotografie tijdschriften om mezelf grondig te informeren en te inspireren."

Ik (Gundi) ben blij dat ik daarstraks mijn laptop dichtgeklapt heb en hiervoor tijd heb gemaakt. We hebben zonet kwaliteitstijd ervaren, een diepgaand moment. Frank heeft nu meer duidelijkheid, Ik heb materiaal voor dit huidige verhaal en bovendien hebben we serieus wat geld uitgespaard.

Zo eindigde het originele verhaal. We zijn nu enkele maanden verder. Er scheelde nog iets met het bovenstaande verhaal. Zoals gezegd heeft Frank de fotografie tijdschriften gekocht. Gedurende twee dagen heeft hij ze grondig bestudeerd. Nu liggen ze stof te vergaren op de vensterbank van de woonkamer. Er mist nog iets. Was dit echt alles? Moeten we gewoonweg accepteren dat bepaalde tijden vervlogen zijn? Ik vraag me af waar het precies aan lag dat die tijden toen zo goed waren?

En toen valt het me in: we waren samen. Verkennen, ontdekken, leren, plezier maken, trots zijn en dat allemaal samen. Jaaa, dat is waar ik naar verlang. Dat is het stuk dat ontbreekt, we zijn mijn deel vergeten. Nog maar eens. Nu kan ik exact zeggen wat er scheelde aan het verhaal hierboven: Het was het einde. Het einde wil herbeleefd en herschreven worden. Ik verlang naar het samenzijn dat we toen hadden. Het gedeelde enthousiasme over iets, in een nieuwe dimensie duiken, samen leren, de wereld verkennen en ontdekken - allemaal samen.

Samen rouwen over een oude strategie die niet meer werkt omdat het gewoonweg niet meer terugkomt, is één ding. Het breng zoete verbinding. Maar zoeken naar andere manieren om de behoefte te vervullen is de volgende stap. Dit voelt zo krachtig. Ik bel Frank en vertel hem over mijn ontdekking. Hij is ook enthousiast. Hij is in een andere stad op een seminarie. We beslissen dat dit onderwerp te belangrijk is om over de telefoon te behandelen en zoeken naar een geschikt moment. Paasmaandag wordt het. Dan gaan we samenzitten om nog eens alle behoeften te ontdekken achter een 'eerlijke Nikon' en zoeken we er nieuwe strategieën voor. Ik kijk er nu al naar uit.

Mijn bijzondere ontdekkingsreis

Ik ben aan het opruimen. Ik open een lade en ontdek een doorzichtig mapje met notities. Op een blad staat de naam van een school en een jaartal. Vage herinneringen komen terug, het is lang geleden. We gaven daar een tweedaags introductie seminarie. We hadden ouders, leerkrachten en studenten uitgenodigd. Op de eerste dag waren er slechts enkele studenten komen opdagen, een vijftal. Dag twee waren ze met meer dan twintig. Wow - wat een succes! Blijkbaar was er iets kostbaars in wat we deden op dag één. Zo kostbaar dat ze hun vrienden informeerden en overtuigden om ook te komen. Toen we zoveel deelnemende jongeren zagen, hebben we onmiddellijk het programma gewijzigd en kozen we voor een 'Fishbowl'. Het werkt als volgt: De jongeren zitten in de binnencirkel en kijken naar elkaar. De ouders zitten rond hen in de buitencirkel en formuleren vragen op een stukje papier. Die papiertjes worden opgevouwen en in het midden tussen de studenten gelegd. De jongeren in de binnencirkel kiezen een vraag en discussiëren erover in hun cirkel. Zo horen de ouders antwoorden van de hele groep en niet alleen van hun eigen kind. En omdat ze zo talrijk zijn, heeft dit een veel hoger potentieel. De wijsheid van een volledige generatie wordt zichtbaar.

Als alle vragen behandeld zijn, wisselen de groepen. De ouders nemen plaats in de binnencirkel en de jongeren in de buitencirkel formuleren de vragen.

Ik heb deze oefening al eerder gedaan met cirkels mannen en vrouwen en met moeders en dochters. verbazend! Een super oefening om mee te maken.

Terwijl ik al die papiertjes in mijn hand heb, herinner ik me dat ik in die school immense inzichten verkregen heb. Mijn dochters waren van een vergelijkbare leeftijd als de jongeren in de binnencirkel. Eén student zei: "Ik wil gewoon dat mijn moeder beseft dat ze niet de enige reden in mijn leven is waardoor ik me zo slecht voel." Indertijd heeft me dat enorm opgelucht omdat ik er vaak over twijfelde of ik de reden was voor mijn dochters slechte humeur.

Ik herinner me eveneens dat er een bijzondere kwaliteit was aan deze samenkomst. Zoveel eerlijkheid en openheid met in het kielzog kwetsbaarheid. Er hing haast een sacrale energie.

Ik sorteer de vragen en leg ze voor me uit op de tafel. En opnieuw komt die magie naar boven. Elke vraag raakt me op een bijzondere manier en ik vraag me af hoe dat komt. Misschien omdat ik er verlangens in ontwaar om de andere generatie echt te kunnen begrijpen. Een verlangen naar eerlijkheid. De meeste vragen beginnen met: Hoe voel je je als ...? Ook lees ik er veel 'zorg' in en uiteindelijk voel ik zoveel liefde in de vragen en in mezelf.

De vragen stimuleren me en inspireren me. Als mijn kind me die vragen zou stellen, wat zou daar achter zitten en wat zou ik antwoorden als ik helemaal eerlijk zou zijn met mezelf? Als ik de vragen van de ouders lees stel ik mezelf de vraag: Zou ik dat ook willen weten van mijn dochters of hoe zou ik mijn vraag formuleren?

En dit is exact waartoe ik jou, als lezer van dit boek, op dit moment zou willen uitnodigen. Laat de vragen op de volgende bladzijden even over je heen komen. Laat ze je inspireren.

Mijn tip: neem je tijd - het is de moeite waard.

De vragen van de kinderen

Wat gaat er om in mijn kind als die deze vraag stelt?
Wat wil die dan echt weten? En als ik volledig eerlijk
ben met mezelf: hoe zou mijn antwoord luiden?

- Hoe voelt het voor jou als we je negeren, schreeuwend de kamer binnenlopen of met deuren slaan?
- Waarom moet ik soms strijken of afwassen?
- Wanneer voel jij je gekwetst door je eigen kinderen?
- Waarom doe je soms zo gênant/beschamend?
- Waarover schaam jij je?
- Waarom moet altijd alles netjes zijn?
- Waarom moet ik soms de keuken kuisen?
- Waarom kan je me niet gewoon eens met rust laten?
- Hoe voelt het als wij een bepaalde film willen zien en jij zegt dat het niet mag en wij accepteren dat niet?

De vragen van de ouders

Wil ik dat weten van mijn kind? Wat leeft er in me als ik die vraag stel? Wat wil ik echt weten? Wat zou mijn kind antwoorden?

- Hoe voelt het als ik zeg: Waarom kun je dat nog steeds niet zelf? Waarom moet ik daar nog steeds voor zorgen?
- Hoe is het voor jou als wij hulpeloos of moedeloos zijn?
- Hoe voelt het als ouders een slechte bui hebben?
- Hoe voel jij je als je zegt "Ik ga het direct doen?"
- Waarom klaag je als je een taakje in het huishouden krijgt?
- Waarom zeg je zo vaak "Ik weet het niet? Hoe wil je dat we daarop reageren?"
- Hoe is het voor jou als wij als ouders ruzie hebben?"
- Wanneer heb je steun nodig en wanneer wil je met rust gelaten worden?
- Stellen we te veel vragen? Wil je meer met rust gelaten worden? Wil je duidelijkere aankondigingen?
- Wat vinden jullie toch zo interessant aan sociale media?

- Hoe voel jij je als je liegt tegen ons?
- Valt het op als we triest en teleurgesteld zijn door jou?
- Hoe voelt het als we tegen je schreeuwen?
- Hoe komt het dat je op zondagen liever iets met je vrienden doet dan met je ouders omdat het de enige dag is dat we beiden tijd kunnen doorbrengen met je?

Mijn vragen aan mijn kind

Wat ik altijd al weten wou...
In de volgende stap eventueel ook: Wat zou mijn kind antwoorden?

Hier zijn mijn ervaringen met de vragen. Soms was het voldoende om me in te leven in de rol van de vraagsteller en soms kwamen er antwoorden.

Vragen van de kinderen

Waarom moet ik soms de keuken kuisen?

Ik houd het briefje met deze vraag in mijn hand. Het handschrift maakt het nog meer bijzonder. Het brengt me dichter bij de persoon die het schreef en een scenario komt in me op. Ik ben 14 en mijn ouders zijn best wel cool vergeleken met anderen. We praten vaak met elkaar, dus alles is chill. Alleen doet mams soms een beetje raar. Telkens als dat gebeurt krijgt ze rode vlekjes in haar nek en staat ze erop dat ik de keuken onmiddellijk kuis. Dan bekvechten we omdat ik weg wil en ze blijft erbij dat ik de keuken kuis, onmiddellijk. Ik zal uiteraard de keuken kuisen - dat is niet het probleem. Ik wil alleen weten wat er loos is met mams. Ik wil ook weten wat ik zou kunnen doen om haar te helpen en hoe ik haar kan ondersteunen. Dat is alles. Normaal is ze steeds compleet relaxed.

Wanneer voel jij je gekwetst door je eigen kinderen?

Het volgende blaadje. Wow, wat een vraag! Ik ben 15, opnieuw een meisje. Ik zoek naar mijn plek in het leven. Hoe wil ik zijn. Ik experimenteer. Thuis ben ik er zeker van, wat ik ook doe, ik ga steeds welkom zijn. Of misschien toch niet? Ga ik soms te ver? Is mijn veilige haven in gevaar? Ik wil niemand kwetsen en zeker niet jij, want ik heb je heel graag. Dus alsjeblieft, laat me weten als ik te ver ga. En laat me ook alsjeblieft blijven proberen wat ik wil uittesten. Ik heb die strubbelingen nodig om te kunnen groeien. Ik heb jullie nodig als sparring-partners om me te trainen in sterker worden. Maar laat me weten als ik jullie grens nader zodat ik die niet overschrijd met het risico jullie te kwetsen.

Waarom doe je soms zo gênant/beschamend?

Deze vraag staat op hetzelfde papiertje. Dus ik ben hetzelfde 15-jarige meisje. Wanneer ik gênant zeg, bedoel ik: waarom doe je soms zo raar? Gedrag waarvan ik niet zeker ben dat anderen het cool vinden, vind ik aanvankelijk heel bedreigend. En als anderen denken dat het niet cool is, word ik uit de groep gegooid en dan is het uiterst lastig om terug aanvaard te worden. En nog iets: als je dingen doet die mijn vrienden niet cool vinden dan heb ik een dilemma. Dan word ik verondersteld op te komen voor jou met het risico dat ikzelf niet cool gevonden word door mijn vrienden. En als ik het safe wil spelen dan moet ik toegeven dat je niet cool bent en dat voelt als verraad - verschrikkelijke situatie! Ben je je daar bewust van? Besef je hoe dit is voor mij? Ik wil dat je beseft hoe lastig dit is voor mij en dat je dit in gedachte houdt als je nog eens gênante dingen gaat doen. Ik wil dat je die dingen enkel doet als je er een zeer grondige redenen voor hebt. Bestaan die eigenlijk wel? En als die er al zijn, dan wil ik die graag weten. En als er geen grondige redenen zijn, doe mij een plezier en laat het dan achterwege. Het zou mijn leven zoveel makkelijker maken.

Waarover schaam jij je?

Nog steeds hetzelfde papiertje, zelfde 15-jarige. Als ik deze vraag stel, wil ik eigenlijk weten of jij je ook zo voelt. Weet je hoe het is om je onzeker te voelen? Twijfelend of wat je doet goed of slecht is? Ben je ook soms bang om niet graag gezien of zelfs uitgesloten te worden? En misschien: ben je ooit in mijn positie geweest? En meer nog: bevind je je daar nog steeds, in die positie? En zelfs - ik zou dit wellicht nooit willen toegeven, maar - hoe ga je ermee om? Is er een uitweg? En als het op dit moment niet meer zo speelt, hoe ben je erin geslaagd om zover te geraken? Gaat het misschien vanzelf over? En als het toch nog speelt, hoe ga je er nu mee om? Wellicht is dit een wens naar gelijkwaardigheid: ik geef mijn zwakte toe, vertel me de jouwe!

Hoe voelt het voor jou als we je negeren of schreeuwend de kamer binnenlopen of met deuren slaan?

Volgend papiertje. Nu ben ik een ander 15-jarig meisje. Ik kan niet overweg met mijn ouders. We bekvechten vaak. Er is altijd iets fout met mij. Ze zitten steeds op mijn kap en ik krijg van die stomme taakjes. En dan al die preken: "Als je slechte cijfers haalt op school…" Ik ben dat zo ongelofelijk beu om te horen. Ik kies ervoor om hen te negeren en soms werkt het. Ik doe gewoon alsof ze lucht zijn. Wanneer het werkt, is het alsof ik in een veilige bubbel ben. Zoals midden in een gigantische transparante bal met water en iedereen die me irriteert of iets van me wil, kaatst terug. Het is een grappig beeld: ze gaan boing, boing. Niemand komt erdoor. Het is best wel een geweldige oplossing, het voorkomt dat ik me opwind en ga schreeuwen. Tegen hen schreeuwen is echt wel verschrikkelijk. Met de deur slaan is ietsje beter. Het is maar een deur. Ik doe er niemand pijn mee. Enkel woede en die stomme deur. En de deur kan er tegen. Geloof me, ik heb het vaak genoeg geprobeerd. Om ze te laten slaan, moet ik er echt hard mee zwieren. En terwijl ik dat doe, speel ik wat energie kwijt die in me raast. Dat is vele malen beter dan tegen hen schreeuwen. Dat doe ik later wel in mijn kamer, stiller als ik alleen ben, zodat ik mezelf niet teveel laat kennen. Ik kan op niets beters komen, dus doe ik dat maar. En toch, zelf kan ik er niet tegen als iemand mij negeert. De gedachte alleen al, fjioew, het lijkt verschrikkelijk. En nu ik erover nadenk zou ik graag willen weten welke van deze twee gedragingen even erg zijn voor jullie als genegeerd worden is voor mij. En mocht het slechts een beetje erg zijn voor jullie, dat zou een enorme opluchting zijn voor mij. Ik bedoel, jullie kunnen het altijd op de puberteit steken. Dat is toch heel normaal, niet?

Als een moeder in deze setting, wat zou ik antwoorden als ik echt eerlijk zou zijn?

Ik denk dat dit heel lastig is. Wat anders? Ik ben bezorgd, ik voel weinig zekerheid. Ik weet niet waarom. Er is nauwelijks enig contact. Eigenlijk weet ik niets van je. En mijn invloed op je is haast nul. Ik ben radeloos en voel me hulpeloos. Soms ben ik zelfs bang. De toekomst, ziet er heel donker uit. Ik ben me bewust dat dit slechts mijn beperkte horror-inzicht is, maar ik geraak er moeilijk van af. Als ik je tegenkom, lijk je zo koud - of toch naar mij toe. Je lijkt bijna permanent in een slechte bui. Voel jij je ooit een beetje goed? Is er een moment dat je van het leven geniet? Het is lang geleden dat je dat aan mij toonde. Ik wil erg hard geloven dat alles OK is met je, omdat ik dan gerust ben en los kan laten. Ik blijf vruchteloos proberen om met jou contact te maken. Dat is zo ongelofelijk frustrerend. En dat constante bekvechten is zo uitputtend. Het op

eieren lopen rond elk woord of de verkeerde nadruk draineert mijn energie. Zo uitputtend... Het
geschreeuw is het ergst voor mij. Wanneer je dan
uiteindelijk naar je kamer vlucht en met de deur
slaat is dat ergens zelfs bevrijdend omdat het geschreeuw dan stopt. Dat je mij negeert, daar kan ik
mee leven, dat kan ik aan. Ik zeg dan tegen mezelf
dat je wellicht je regels hebt. Waar ik echt naar verlang is vertrouwen, zekerheid, loslaten en vrij zijn
van verantwoordelijkheid. Vrijheid - ja, dat voelt
goed.

Wat kan ik dan doen om te krijgen wat ik echt wil?

Om me vrij te voelen zou ik meer zorg kunnen dragen voor mezelf. Dingen doen waar ik plezier in
heb en die me energie geven. Een beetje me-time
nemen. Een hobby vinden, mijn contacten onder-
houden zodat die terug heropleven. Dingen doen
die me meer zelfvertrouwen geven en mijn zelf-
beeld boosten.

Om je meer vertrouwen te geven, kan ik alles
opschrijven dat je wel goed doet, al de kwaliteiten
die je bezit, al de dingen die ik echt apprecieer in je
en alle dingen die je helpen in je leven. Ik kan er
een mooi schilderij over maken en die ergens zichtbaar ophangen zodat het me herinnert aan je ster-
ktes.

Ik kan mijn horrorscenario ook wat aanpassen naar een wat opgewekter toekomstbeeld. Misschien is dit wel wat te naïef. Maar ik kan wel wat bedenken om te ontsnappen als mijn horrorscenario weer start. Het is ten slotte slechts mijn eigen film.

Wat zou jij daaraan kunnen bijdragen? Je zou me de dingen kunnen vertellen waar je plezier aan beleeft. Je zou me kunnen zeggen wie er voor je klaar staat telkens als jij je wat somber voelt. Je zou me erop attent kunnen maken zodra ik iets doe dat overkomt als zeuren. Je zou me ook het voordeel van de twijfel kunnen gunnen door te veronderstellen dat er een goede intentie schuilt achter de dingen die ik doe. En ik zou hetzelfde kunnen doen voor jou. Oh, en voordat we ons beiden verliezen in onze eigen scenario's, zouden we de ander kunnen vragen naar de bedoeling achter het gedrag.

Vragen van de ouders

Ik dacht lang na over wat ik zou aanvangen met de vragen van de volwassenen. Ik pakte hun papiertjes verschillende malen vast. Sommige vragen spraken me meer aan dan anderen en ik vroeg me af hoe dat kwam. Tot ik plots besefte dat het mijn eigen vragen waren. Dus ging ik weer op onderzoek.

Hoe is het voor je als wij, ouders, ruzie hebben?

Ik herinner me een tafereel in ons oude huis, een huis met verschillende verdiepingen. De kinderkamers bevonden zich op het eerste verdiep. Het was al ver voorbij bedtijd, ik denk ergens rond negen uur in de avond. We hadden de kinderen in hun bedje gestopt en gingen naar de woonkamer. We hadden een woordenwisseling(maar ik ben vergeten waarover het ging). Het was zo één van die onbelangrijke discussies. Niet echt heftig of luid maar toch met het potentieel van een conflict. Op een gegeven moment ging ik naar de gang waar ik mijn dochter zag. Ze was toen zes jaar oud. Ze stond in haar nachtjurk verstopt achter de schoenenkast. Het was koud en donker in de gang en daar stond ze. O mijn God. Mijn kleine meisje stond daar in het donker en de kou. Mijn hart ging tekeer. Waarom stond ze daar? Was ze daar omdat wij ruzie hadden? Was ze bang?

Wat een grote vraag: was ze bang? Was ik bang? Herinneringen komen tevoorschijn. Herinneringen van mezelf als klein meisje terwijl mijn ouders ruzie maakten. Het voelde zeer bedreigend aan. Telkens als dat gebeurde, was ik bang dat mijn ouders zouden scheiden en dat ik naar een weeshuis zou moeten. Zoals in de film 'De kleine prinses'. Ik was oprecht bang om zoals Shirley Temple in een weeshuis terecht te komen., Slapen in een klein kamertje onder het dak en elke dag torenhoge stapels vuile borden afwassen. Het was mijn grootste angst als kind in die tijd.

Nu ik zelf de ouder ben en die vraag in mijn hart voel, wil ik graag weten of mijn dochter gelijkaardige verschrikkelijke angsten heeft. En als dat zo is, wil ik haar geruststellen. Ik wil dat ze weet dat conflicten deel uitmaken van het leven. Dat het heel normaal is en dat het iedereen overkomt. Ik wil ook dat ze beseft, wanneer ouders ruzie maken dat het hun taak is om het op te lossen en niet de hare. Wij zijn ons daar zeer bewust van en we zijn bereid de verantwoordelijkheid voor onze relatie op te nemen. Waarover onze onenigheid ook gaat, we zullen er wel uit geraken en zullen alles doen om een echtscheiding te voorkomen. We weten ook hoe we zoiets kunnen oplossen. We hebben beiden de vaardigheden om te bekvechten zonder de ander ernstig te kwetsen. En die vaardigheden zullen we gebruiken. En telkens ze toch angstig is, wil ik dat ze de kamer binnenkomt en het ons laat weten.

Want dan kunnen we onze geschillen even parkeren en voor haar zorgen, haar troosten en geruststellen zodat ze haar slaap voort kan zetten.

Ik heb net dit stukje te geschreven en mijn dochter komt binnen. Ik vraag haar of ze zich deze situatie nog herinnert. Ze glimlacht en vertelt dat ze daar vaak gestaan heeft of dat ze verstopt zat tussen de jassen in de kast. Daar was het warmer en avontuurlijker. Iets doen wat niet mocht vond ze wel eens leuk. Aan één kant was het dus best spannend zich te verstoppen waar niemand haar kon vinden. Aan de andere kant hoopte ze stiekem dat iemand haar zou vinden. Ze wou altijd al graag bij de volwassenen zijn omdat zij de oudere zus was. Tegelijk was daar haar nieuwsgierigheid en de vraag 'Is alles OK met jullie als ik er niet ben?' Destijds was ze daar niet geheel zeker van.

Toen ik haar vroeg of ze bang was als we ruzie maakten, zei ze: "Als jullie aan het bekvechten waren, vroeg ik me soms af of ik niet beter tussenbeide zou komen om jullie af te leiden en te ondersteunen, maar ik kan me niet herinneren dat ik bang was op die momenten. Ik troostte mijn kleine zusje, die wel bang was." Dus stelde ik dezelfde vraag aan haar zus. Ze antwoordde: "Ja ik was wel bang, niet dat jullie uiteen zouden gaan, wel dat jullie niet meer overeen zouden kunnen komen. Mijn grote zus stelde me dan gerust. Dat waren de momenten dat we het meest close waren."

Waarom zeggen jullie steeds "Ik weet het niet"? En hoe moeten we daarop reageren?

Ik ken die uitdrukking maar al te goed. Mijn dochters gebruikten ze vaak, soms verschillende keren in dezelfde zin. Het was zelfs in mijn eigen woordenschat gekropen, dus was ik zeer benieuwd te weten waarvoor zij het gebruikten. Ik vroeg het aan mijn dochter en kreeg de volgende uitleg.

"Ik weet het niet" kan verschillende dingen betekenen: Bijvoorbeeld: ik wil op dit moment niet antwoorden op die vraag. Ik wil je het antwoord gewoonweg helemaal niet vertellen. Ik weet het antwoord echt niet. Ik heb nu geen zin in een conversatie. Ik wil de vrijheid om zelf te beslissen en ik wil mezelf nu niet engageren tot iets. De best mogelijke reactie van ouders is om te accepteren dat er op dat moment geen antwoord is.

"Ik weet het niet" kan ook betekenen: Ik wil dit onderwerp op dit moment niet behandelen. Ik heb nu even dringendere en belangrijkere dingen aan mijn hoofd. Ouders kunnen vragen: "Wanneer kan ik een antwoord verwachten?" Of: "Wanneer ga je over de informatie beschikken om deze vraag te beantwoorden?"

Als de "Ik weet het niet" gekoppeld is aan een probleem dat om een oplossing vraagt, dan is die "Ik weet het niet" niet het laatste zinsdeel. Dan wordt het vaak gevolgd door "... maar ik zal de oplossing wel vinden." In zo een situatie kunnen de ouders steun geven.

Een "Ik weet het niet" kan ook slechts een onschuldig stopwoord zijn zoals een "euh". Die gebruiken we als we luidop aan het nadenken zijn. Dan kan je best geen aandacht schenken aan de betekenis van de uitdrukking.

Tenslotte is het met deze uitdrukking net hetzelfde als met alle andere dingen. Om het even wat ik zeg, uiteindelijk draait het om de intentie erachter en niet noodzakelijk om de gebruikte woorden. Je kan deze uitdrukking niet veralgemenen, het is beter om door te vragen wat er juist mee bedoeld wordt in de huidige situatie.

Ergens ben ik geen stap verder. Ik heb informatie ja, maar het is niet waar ik op gehoopt had. Dus waag ik me aan een andere benadering. Ik stel me de vraag hoe ik me voel wanneer ik deze vraag stel en wat ik dan echt wil weten.

Soms heeft die uitdrukking geen effect op me. Het valt het me dan hoogstens op dat de uitdrukking verschillende keren in dezelfde zin gebruikt wordt maar meer ook niet. Soms reageer ik geïrriteerd op deze uitdrukking en soms kan een "Ik weet het niet" me echt wel in de gordijnen jagen. Vooral als ik iets wou doen en ik hun betrokkenheid daarbij nodig had. Of ze akkoord gaan of het voorstel afwijzen maakt me niet zozeer uit, ik wil dan gewoon duidelijkheid op wie ik kan rekenen. Soms mis ik echt wel betrouwbaarheid in de volgende generatie. Soms krijg ik een akkoord dat vijf minuten op voorhand wordt ingetrokken - niet naar ons als ouder toe, maar onder henzelf. En dat leidt me naar de vraag aan de volgende generatie: Hoe gaan jullie om met die onafhankelijke vrijheid? Met al die kortstondigheid en snelle wijzigingen van beslissingen? Met het gebrek aan betrouwbaarheid? Hoe gaan jullie daar mee om?

Zien jullie het als we verdrietig zijn of ontgoocheld?

Dat zou een vraag van mij kunnen zijn. Meer precies zou mijn vraag luiden: "Kan je zien als ik pijn voel?" Hoe voel ik me als ik deze vraag stel? Ik ben in dubio. Een deel van me wil het graag weten en een ander deel niet. Ah, dit is spannend. Ik denk dat ik deze gevoelens voor mezelf verborgen wil houden en ze zo snel mogelijk wil verstoppen. Ik ervaar ze als ongemakkelijk. Ik wil ze helemaal niet voelen. En ik wil vooral niet dat jij de macht hebt om ze me te laten voelen. En toch, soms zijn ze aanwezig. En hoe jij je dan gedraagt, beïnvloedt me of ik het nu leuk vind of niet. En soms doe je dingen die me pijn doen. Ik wil dat je dat beseft. Maar ik wil niet alle schuld op jou steken. Precies, ik wil verantwoordelijkheid nemen voor mijn deel erin. En ik wil dat jij de verantwoordelijkheid neemt voor jouw deel. Ja, als ieder voor zijn eigen deur veegt, is heel de straat proper. Dan kunnen we zien wat iedereen kan doen om kwetsuren te voorkomen. Ben je bereid om dat te doen? Dat is mijn echte vraag. En ik heb al een antwoordt erop: het is "ja".

Twee dagen geleden toen ik dit hoofdstuk schreef, heb ik het zelf ervaren. Ik wist op dat moment nog niet goed wat ik met de vragen zou aanvangen. Ik wist dat ze een enorm potentieel in zich droegen. Ik zat aan tafel met mijn twee dochters en mijn nichtje dat op bezoek was, toen ik een briljant idee had. Ik stel de vragen aan deze drie mensen van de volgende generatie. Ze antwoorden terwijl ik het gesprek opneem om later uit te schrijven in krachtige verhalen. Ik vroeg het hen en ze stemden alle drie toe.

Samen brachten we een aangename namiddag door en 's avonds toen ik hen vroeg of we van start konden gaan, kreeg ik het antwoord: "Wel, op de één of andere manier is daar geen energie meer voor." Dat kwam heel hard aan. Ik stond op en ik stond op het punt om de kamer uit te gaan. Mijn dochter zei toen: "Is dat OK voor je, mama?" "Neen." Ik hoorde het mezelf zeggen. Ik ging de kamer uit. Ik vluchtte. Ik stond te trillen op mijn benen. Ik moest even terug bij mijn positieven komen. Wat was er gaande? Ik was zo van streek, gekwetst en ontgoocheld. Ik focuste mijn aandacht op mijn gedachten. Het bericht dat mijn brein ontving was: "De meisjes weigeren om ook maar iets te doen voor me." Auw! Ik hoorde mijn brein zeggen: "Ze trekken zich er niets van aan. Ik tel niet mee voor hen." En wellicht nog meer daarvan. Wat een horror trip.

Ik ben zo blij, dat ik technieken ken om uit die neerwaartse spiraal te raken. Eentje ervan is om de woorden: "Ik maak mezelf wijs dat ..." voor mijn gedachten te plaatsen. En dat deed ik dan.

"Ik maak mezelf wijs dat ze er zich niets van aantrekken. Ik maak mezelf wijs dat ik niet meetel voor hen." Hierna bevond ik me in een hele andere wereld. Ik hoorde nu een innerlijke stem die zei: "Wat?! No way! Dit klopt helemaal niet. Hoe kan je zoiets denken? We hebben net samen zo een aangename tijd doorgebracht. Dat kan helemaal niet zijn. Ga terug en zoek samen uit wat ze juist bedoelen." Toen ik dit hoorde, was ik opgelucht. Ik was helemaal terug kalm en ging terug de kamer in. Ze zaten nog steeds aan tafel, ik voelde de spanning in de lucht. Ik hoorde: "Kom alsjeblieft terug, mama, laten we dit even uitklaren." Ik twijfelde., Ik was nog steeds te opgewonden om een verhelderende conversatie te kunnen voeren. Ze herhaalden hun verzoek en voegde het woord 'nu' toe. Ik ging zitten. Mijn dochter begon: "Het spijt me, ik realiseerde me niet hoe belangrijk dit voor je is. Ik snapte dat niet. Het is toch belangrijk voor je hé?"

"Ja." zei ik. "Ik ben al dagen met ongeduld aan het wachten dat dit zou gebeuren."

"Wat is er precies belangrijk voor je? Wou je opnieuw de kwaliteit van een fishbowl met ons ervaren?"

"Niet echt. Ik weet dat deze setting niet geschikt is om dat soort kwaliteit te behalen."

"Misschien zijn dit jouw eigen vragen en wou je daarom onze antwoorden horen?"

Ik overliep al mijn gedachten. "Neen, niet echt. Sommige vragen zijn interessant. Ze spreken me aan, maar ik heb ze niet zelf geschreven. Neen, ik denk dat ik het mezelf gewoon gemakkelijk wou maken. Ik dacht dat ik jullie conversatie over die vragen zou kunnen opnemen, die opname dan zou uitschrijven om er dan een verhaal van te maken. Dat zou heel gemakkelijk zijn. Want eerder kon ik niets echt verzinnen, zelfs als ik er heel de tijd diep over nadacht."

"Misschien wou je jouw wereld met ons delen?"

"O, ja, daar zit waarheid in, absoluut. Dat zou je nog meer betrekken in mijn grote boekproject. Maar datgene wat me raakte, was dat ik dacht te horen, dat jullie zeiden dat jullie me niet wouden helpen. Is dat wat jullie wilden zeggen?"

Nu zei ze: "Neen. Neen, ik wil je echt graag helpen. Ik begreep dat dit belangrijk voor je is. Dat is waarom ik meer mensen erbij wilde halen. Ik vroeg enkele vrienden om ons te vervoegen. Maar toen uiteindelijk iedereen afzegde, was er geen energie meer over. En ik vertrouw op energie. Tegelijkertijd is je boek superbelangrijk voor me, omdat ik echt wel van de verhalen hou en ze allemaal als waardevol ervaar. Voor mij is het absoluut belangrijk dat het goed wordt. En toen er zo weinig energie over was, had ik ook weinig vertrouwen dat de uitkomst goed genoeg zou worden. Wat hoor je me nu zeggen?"

"Ik hoor dat mijn boek belangrijk voor je is, zo be-langrijk dat je extra attent bent en dat je je intuïtie volgt."

"Dank je. En ik wil je helpen. Ik was alleen niet zeker dat deze strategie zou helpen omdat het niet je eigen vragen zijn en omdat we een beetje ouder zijn dan de doelgroep indertijd. En je wilde dit zo echt mogelijk maken, toch?"

"Ja dat klopt."

Mijn oudste dochter zei: "Je kan noteren wat zo-juist gebeurd is. Dat is iets wat echt is."

Ja, inderdaad. Veel echter dan mijn originele plan. "Is dat niet te persoonlijk of te intiem voor jullie?"

"Neen hoor, Ik vind het een succesverhaal, en het kan geschreven worden zoals het gebeurd is. Ten-slotte, het is de waarheid - de hele waarheid."

"Is dit echt OK voor jullie allemaal?"

Ik kreeg een volmondige 'ja'. Ik ben zo opge-lucht. Er zijn veel tranen gevloeid tijdens dit pro-ces. En nu is iedereen opgelucht. Intussen is de sfeer uitbundig en iedereen knuffelt iedereen.

Hoe was het voor de dochters?

Claudia Broadhurst, redacteur van het Duitse NVC-tijdschrift "Empathische Zeit" (De Empathische Tijd) vroeg me iets te schrijven over "NVC in mijn gezin", ze voegde eraan toe: "Omdat Frank en jij zo ongeveer de pausen van de opvoeding zijn." Ik moest ervan grinniken, oh, zijn wij dat?

Mijn waarheid is dat ik probeer echt contact te houden met Frank en mijn kinderen en ik denk dat me dat grotendeels lukt. Vooral als we NVC toepassen. Voor mij is het belangrijk om elk van hen serieus te nemen, om écht te luisteren en om mezelf in hun schoenen te plaatsen. Daardoor heet ons gezamenlijk boek 'ik wil begrijpen wat je echt nodig hebt.' Op een gegeven moment daagde het me dat mezelf serieus nemen al even belangrijk is om de rest van mijn gezin serieus te nemen. Als de gemoederen verhit raken dan zetten we ons rond de tafel en samen onderzoeken we hoe we ons voelen, wat voor ons belangrijk is en hoe we kunnen bijdragen om voor ons allen het leven mooier te maken. Soms duurt het even voordat ik de moed en de kracht daartoe vind. Bovenal is het belangrijk voor me om met elkaar die waardevolle momenten te ervaren en zo van het leven te genieten. In een notendop, daar zit voor mij de schoonheid in. Ik bedenk me dat het voor jou - als lezer - wellicht nog spannender is vanuit het standpunt van een kind, om op te groeien in een gezin waar de ouders NVC proberen toe te passen. Dus ik heb het hen gevraagd. Wat nu volgt zijn de interviews met mijn dochters:

Eerst mijn jongste dochter Elia (16):

Gundi: *Hoe was het voor je om op te groeien in een NVC-gezin? Wat was daar zo anders of speciaal aan?*

Elia: Ik denk dat jullie ons steeds als gelijken behandelen. Niet dat we dezelfde leeftijd hebben natuurlijk, maar gelijkwaardig, dat we er evenwaardig toe doen zoals jullie voor jezelf doen. Dat heb ik ten zeerste geapprecieerd.

De manier waarop jullie met ons spraken, was anders. Als we iets zeiden, gingen jullie daar dieper op in en toonden jullie meer interesse. Ook als wat we zeiden niet altijd het meest logische of zinvolle. Jullie reageerden gewoonweg op onze dieperliggende behoeften. Jaren geleden was ik als kleuter bang van een meisje in de klas. . Vooral op mijn verjaardag wou ik haar niet zien omdat die dag voor mij zo bijzonder en dierbaar was. Bovendien had ik net een Barbie Kasteel gekregen en dat was het beste Barbie Kasteel van de wereld. Die dag mocht ik van jullie gewoon thuis blijven in plaats van naar de kleuterklas te gaan. Op die manier heb ik ten volle kunnen genieten van mijn speciale dag. De hele dag heb ik met het nieuwe Barbie Kasteel gespeeld en heb ik me geen zorgen moeten maken om die vriendin. Ik herinner het me alsof het gisteren was. Ik ben ervan overtuigd dat jullie dit toegestaan hebben omdat jullie begrepen waar het echt om draaide voor mij. Ik denk dat ik toen vier jaar was en tot op de dag van vandaag kan ik het me nog levendig herinneren. Dat was zo ontzettend dierbaar voor mij.

Ik herinner me ook de momenten dat ik als kind echt gelukkig was. Dan gaven jullie me die 'gelukempathie.' Je zei dan iets in de trend van 'Ik word zo gelukkig van je blij te zien.' Dat vergrootte mijn blijdschap nog meer en het versterkte mijn gevoelens.

Iets anders is de manier waarop we ruzie maakten. Ik herinner me geen moment dat ik me hopeloos voelde. Als ik bij mijn vriendin thuis was en ze had ruzie, dan huilde ik vaak en voelde me totaal ontredderd. Het leek erop dat ze met haar ouders niet meer overweg kon en dat ze elkaar op geen enkele manier meer begrepen. In ons gezin daarentegen liep ruzie nooit uit de hand. Ik ervaarde het steeds als zeer gestructureerd: iedereen kreeg de kans om te spreken. We zochten voor elk van ons wat er speelde en welke emoties er leefden. En ja hoor, soms was dat intens en pijnlijk om die gevoelens te proeven. Maar nadien voelde ik me altijd beter. Ik heb nooit zo een escalatie ervaren waarin je naar je kamer zou rennen en me in de steek zou laten. Dat ben ik in ons gezin nooit tegengekomen.

Gundi: *Het lijkt erop alsof je vertrouwen had dat zo een strijd ook goed kon aflopen?*

Elia: Ja en ik zag het voordeel van zo een strijd. Het kan nuttig zijn want nadien is alles beter. En tot op de dag van vandaag: als we ruziën, gebruiken we nog steeds dezelfde structuur. We hebben een script hoe we ermee kunnen omgaan. Met deze structuur zijn onze onenigheden onder controle en zelfs voorspelbaar. (Noot van Gundi: zie 'Familie Conferentie' van Thomas Gordon, meer hierover in het interview met Marie.)

Tegenwoordig hebben we diepgaande gesprekken en delen we onze meningen vanuit verschillende standpunten. Dat er ruimte is om mijn inzichten te kunnen delen, ervaar ik steeds als uiterst aangenaam wetend dat er geen oordelen zullen volgen en dat ik nooit afgewezen zal worden.

Gundi: *Wat leerde je van onze NVC aanpak? Welke impact had dit op je?*

Elia: We hadden die kaartjes met blij, bang, verdrietig, boos en zo. Ik leerde al heel vroeg de emoties die ik voelde als ik iets graag had of niet. Het is nu heel helder wat mijn eigen behoeften zijn en wat ik anderen verzoek te doen. Ik vorm mijn eigen idee en kan daarbij blijven. Dat helpt me zo omdat ik de andere persoon duidelijk kan vertellen wat er binnen in me omgaat waardoor ik bewust kan kiezen om iets te doen of net niet. Helaas heb ik ook ervaren dat bepaalde mensen het daar lastig mee hebben.

Ik kan mezelf ook tonen zoals ik echt ben – wanneer ik maar wil - en ik sta ook open voor mensen van alle leeftijden.

Gundi: *En hoe was dat voor je vrienden?*

Elia: Ik vind het eigenlijk leuk om te praten over mijn emoties en om daarbij de vier stappen van NVC te gebruiken en empathie te kunnen geven. Het is jammer dat mijn vrienden dat niet kennen. Ik kan hen moeilijk bijbrengen hoe empathie werkt of hen even vragen eerlijk te zijn met zichzelf. Soms heb ik de indruk dat ze me helemaal niet begrijpen en dat maakt me wat triest en soms zelfs een beetje eenzaam.

Aan de andere kant waar ik heel blij om ben, is dat vele van mijn vrienden naar mij komen als ze problemen hebben. Ik geniet ervan om de persoon te zijn die echt naar hen luistert en hen ondersteunt in wat er echt speelt voor hen. Naast mij kunnen ze hiermee nergens mee terecht. Ik denk dat iedereen iemand nodig heeft die naar hen luistert. Ik vind het super om deze rol op te pakken omdat het de band sterker maakt. Jammer dat het niet echt wederkerig is. Mijn vrienden doen wel hun uiterste best, maar het is niet makkelijk voor hen - ze hebben het nog niet echt door hoe het werkt.

Ik heb ook vrienden vanuit het NVC gezinskamp, die wel bekend zijn met NVC. Met hen ervaar ik de relatie veel makkelijker, eerlijker, opener en meer ondersteunend. Bij hen is het heel natuurlijk dat we de ander willen begrijpen, onszelf in de andere persoon verplaatsen, echt empathisch zijn en echt luisteren.

Gundi: *Wat was minder leuk voor je? Welke valkuilen zie je?*

Elia: Als ik een conflict had met mijn vrienden en je daarover vertelde, voelde ik me soms in de steek gelaten. Je wou graag ook die vrienden begrijpen en maakte me dat heel duidelijk. Op zulke momenten had ik graag meer steun ervaren. Ik vind dat ouders in eerste plaats voor hun eigen kinderen moeten zorgen. Eerst hen beschermen en voor hen zorgen. Hun eigen kind zou het belangrijkste moeten zijn. Nu beseft ik dat je probeerde de conflicten op te lossen, wat uiteraard ook belangrijk en moeilijk was. Maar ik vond het vervelend dat je de andere kinderen even belangrijk vond dan mij. Nu denk ik dat dat wellicht niet eens zo slecht was, want ik leerde anderen te respecteren.

Nog iets dat ik me herinner, is dat we een gezinsplanner hadden. Daarop stond wie verantwoordelijk was voor welke taak in huis. Iedereen moest van die stomme taakjes doen. Ik moest de fietsen binnen zetten. In mijn herinnering voelde het als een gigantische 'altijd'. Ik moest ALTIJD de fietsen binnen zetten. Terwijl ik het wellicht slechts één keertje gedaan heb, voelde het als een ontzettend

171

zware taak. Ik was vijf. We hadden van die stomme zondagsgesprekken, waar we zelf moesten toezeggen welke taakjes we gingen behartigen. Meestal werden de gemaakte afspraken in de loop van de week door iedereen vergeten. Maar op het moment zelf, wanneer we ons tot iets engageerden, moesten we die uitvoeren. En dat vond ik niet tof.

Wat ik eveneens minder tof vond, was wanneer ik me ergerde aan een leerkracht of zo, dat je me dan altijd zo extreem rustig empathie gaf. Je zei dan zoiets als "Ja, en hoe voel jij je daar nu bij?" Ik had liever gehoord: "Ja dat is een echte eikel", want als ik boos ben, heb ik graag eerst bevestiging. Misschien niet altijd, maar meestal wel. Die pogingen tot empathie creëerden een afstand tussen ons. Ik voelde ze aan alsof je me niet serieus nam. Het voelde niet echt of natuurlijk aan. Voordat ik mijn gevoelens prijsgeef, heb ik absolute zekerheid nodig dat de interesse in mij recht uit je hart komt. Wanneer ik boos ben is het echt vervelend dat er iemand op me afkomt met een gemaakt stemmetje en een attitude van: laten we even door de vier stappen gaan.

Gundi: *Heb je ergens iets gemist in jouw beleving, wanneer wij NVC gebruiken?*

Elia: Als kind had ik graag eens zoals mijn vriendin huisarrest gekregen. Ik dacht toen, als je huisarrest kreeg, dat je niet naar school moest. Kamerarrest was zelfs nog beter, ik dacht dat daar ontbijt op bed bij hoorde, laat maar komen! Als ik er nu aan terugdenk, ben ik toch wel blij dat ik nooit zo een arrest gekregen heb.

Ik denk dat ik alles ervaren heb wat er te beleven viel. Ik heb meegemaakt dat er iemand kei luid tegen me schreeuwde, zodat ik geshockeerd was en begon te huilen. Ooit heb ik me in de steek gelaten gevoeld. Misschien minder vaak dan andere kinderen, maar ik denk echt dat ik alle emoties gevoeld heb die er mogelijk gevoeld kunnen worden. Ik kon niet altijd NVC gebruiken. Soms was ik gewoon te ambetant en dan werkte het niet.

Gundi: *Welk advies zou je geven aan mensen die net begonnen zijn NVC te gebruiken met hun kinderen?*

Elia: Wat ze beter zouden kunnen doen? Het helpt in ieder geval om empathie te tonen aan kinderen. Bijvoorbeeld als een kind niet naar bed wil. Als ik niet naar bed wilde, was dat omdat ik angst had om alleen te zijn of simpelweg niet alleen wou zijn. Je bleef dan bij me en dat vond ik leuk. Het is echt rot om als kind naar bed gestuurd te worden wanneer je weet dat je ouders boos op je zijn.

Ik denk ook dat het belangrijk is om je kinderen te vertellen dat er allerlei soorten gevoelens zijn. Dat gevoelens er altijd zijn en dat het OK is om ze te voelen. Neen, straffer nog, gevoelens zijn belangrijk. Ouders kunnen hun kinderen duidelijk maken dat ze hun boosheid niet hoeven te verstoppen, dat boos zijn ook een natuurlijk deel van het leven is en dat ze als ouders ook boosheid voelen. Ik dacht vroeger dat jij niet kon huilen. Ik dacht zelfs dat je nog nooit in je leven gehuild had. Mocht ik gezien hebben dat je ook kwetsbaar bent, dan zou ik geleerd hebben om je ruimte te geven. Als ik overtuigd ben dat ik de enige ben die kan huilen of boos zijn, dan hoef ik me niets aan te trekken van anderen, want die kunnen toch geen pijn ervaren zoals ik dat meemaak.

Gundi: *En wat in verband met eerlijk uiten?*

Elia: Als een kind huilt en schreeuwt en het niet meer weet wat te doen, is het heel lastig om van je ouders te horen: "Ik vind het niet tof hoe jij je gedraagt." Zelfs als dat zo is. Op zo een moment is het kind niet in staat om dat te horen. Het is beter om dit soort dingen op een later, geschikter moment aan te kaarten. Dan zou je iets kunnen zeggen in de trend van: "Hey, als je X doet, dan stoort me dat omdat ik Y nodig heb en ik had dat graag anders gezien. Hoe is dat voor jou?" Of: "Is het echt superbelangrijk voor je dat je precies dit doet of kunnen we een andere manier vinden waaraan ik me minder stoor?"

Ik herinner me, jullie eerste pogingen met NVC. Je sprak toen in de vier stappen, recht uit het boek. Dat was tegelijk grappig en vreemd. Ik denk dat het belangrijk is dat je NVC integreert in je manier van leven zodat je ervan doordrongen wordt als een tweede natuur, totdat het uiteindelijk niet meer opvalt. Als je erin slaagt om te praten in de vier stappen zonder dat het iemand opvalt, dan ben je veel natuurlijker.

Nu het interview met Marie (18):

Gundi: *Wat was er anders ten gevolge van NVC?*

Marie: Al mijn vrienden klaagden over hoe stom hun ouders waren. Maar over jullie hadden ze niets dan goeds te vertellen, jullie waren cool. Tot op de dag van vandaag vind ik ons nog steeds een droomfamilie, we hebben altijd plezier en genieten van elkaar. En dat is echt. Vaak zitten we rond de tafel zot te doen. We lachen veel, zijn eerlijk en open naar elkaar toe en we vertellen veel aan elkaar. Volgens mij is ontbreekt dat in de meeste gezinnen. Ik heb onze ouder-kind relatie steeds als zeer tof ervaren. Een massa verbinding, er wordt ontzettend veel gedeeld en dat alles mooi verpakt in een vriendelijke relatie. Er was nooit weerstand. En toch had ik nooit zin om mijn kamer op te ruimen. Ik ben blij dat ik dat steeds uit kon stellen, zonder onze dierbare relatie te schaden. Ik hou nog steeds niet van opruimen, maar stilaan doe ik het toch. Ik moet wel, anders kan ik niet meer vrij bewegen en struikel ik over alles in de kamer.

In het begin was er 'het formele NVC' met steriele gevoelens en behoeften, dat klonk echt onnatuurlijk. Later klonk het natuurlijker en hielp het ons om in verbinding te blijven. Ik heb jullie altijd gezien als zeer relaxte, open minded personen. Bijvoorbeeld als ik naar een feestje wou dan vertrouwden jullie erop dat ik de juiste beslissingen zou nemen. Wat ik deed. Ik heb nooit de drang gevoeld om me te verzetten tegen jullie of om te rebelleren. Ik zou er alleen maar mezelf mee tekort doen. Ik heb nooit aan comazuipen gedaan want er was niets om te verdrinken. Integendeel, er was een ontzettend groot vertrouwen waardoor ik kon groeien in onafhankelijkheid. Als ik me ziek wilde melden op school, moest ik daar niet over liegen. Ik zei eenvoudig dat ik geen belangrijke lessen had vandaag en dat ik me heel moe voelde. Dat ik die dag behoefte had aan rust. Of wanneer ik bang was van wiskunde zei je: "Denk er eens over na." En wat ik ook koos, je ging er steeds in mee. Zo heb ik geleerd om mijn eigen beslissingen te nemen en daar dan de verantwoordelijkheid voor te dragen. Wanneer ik bang was van wiskunde en niet zou gaan dan maakte ik het alleen maar erger. Dus besliste ik om te studeren en hulp te aanvaarden. Zo heb ik zelfzorg geleerd. Als ik echt uitgeput was, dan stond ik mezelf toe om terug op krachten te komen en dat was perfect OK. Dat was zo een verschil met andere kinderen. Die moesten over ongeveer alles tegen hun ouders liegen en dat zorgde natuurlijk voor wantrouwen. Hoe jammer.

Wat me ook opviel was dat mijn vrienden absoluut geen moeite deden om hun ouders te begrijpen. Je hoeft hen niet steeds empathie te geven, maar je zou op zijn minst moeite kunnen doen om te begrijpen waarom je moeder het zo extreem belangrijk vindt dat je kop IN de vaatwasser komt of waarom je voeten van tafel moeten. Ik heb niet altijd begrepen waarom bepaalde dingen zo belangrijk waren voor je als je ze voor de zesde keer herhaalde of je stem verhief. Maar ik dacht: "Er lijkt wel iets belangrijks achter te zitten, dus kan ik best meegaan in haar verzoek". En ook omgekeerd. Ik weet dat als er iets belangrijk voor me is het principe zal zijn: ik ga begrepen worden en het zal wellicht gebeuren.

Het heeft te maken met serieus genomen te worden. Je hebt ons altijd serieus genomen en samen onderzocht wat er achter zat. En vaak zat er een hoop achter, zeker gedurende de puberteit. Uiteraard is dat een voorbijgaande fase en toch, achter elk gedrag zit iets dierbaars, waardig om onderzocht te worden. Ik was bij een vriendin en toen haar moeder binnenkwam vroeg die om de voeten van tafel te halen. Mijn vriendin sneerde terug en er kwamen woorden van. Toen zei de moeder: "Oh, pubertijd!" En mijn vriendin riep: "Fucking moeder!" Echt walgelijk! Zoiets zou nooit in ons gezin voorvallen. Helemaal anders, er zou een compleet wederzijds begrip zijn bij ons. Wij proberen net het leven van de anderen mooier te maken. Er zijn talloze opportuniteiten om bij te dragen aan het leven van anderen door middel van wederzijds begrip. Ik heb dat zo vaak meegemaakt en ik hou er echt van.

Iets anders is zelfverantwoordelijkheid. Bijvoorbeeld met schoolresultaten. Wat mijn punten ook waren, het was altijd OK voor jou. Je hebt me nooit beloond voor een A en ik werd nooit gekleineerd of gestraft voor slechte punten. Om het even wat, het was OK. Alhoewel de punten op zich wel iets betekenen voor me. Als ik een A behaalde, dan kwam ik thuis en ik vierde die en jij zou bij me komen en bij me zijn in mijn plezier. Als ik triest was omdat ik een F gekregen had, dan was dat niet zo erg want ik wist dat je me zou vastpakken en troosten als ik thuis kwam en dat ik het er allemaal uit kon huilen bij jou. Dat was echt prachtig. Daarna onderzochten we de oorzaak: had ik gewoon een slechte dag of had ik ondersteuning nodig en hoe zou die ondersteuning er kunnen uit zien? Soms leerde mijn papa me wiskunde maar ik had de eindverantwoordelijkheid voor mijn punten. Je hebt ook nooit iets van me afgepakt. Dat heeft me onafhankelijk gemaakt en nu vind ik dat ik dat heel goed doe. Ik zit in het zesde middelbaar (6de klas) en wiskunde gaat nog steeds wat te snel voor me. Maar ik wil goede punten halen. In dit laatste jaar op deze school gaat het om meer dan enkel het jaar doorkomen. Dus heb ik leerhulp gevraagd. Je hebt dat heel snel geregeld voor me, zonder vragen of voorwaarden.

Gundi: *Wat waren de dingen die je echt tof vond? Welke piekmomenten drijven boven?*

Marie: Ik heb je hele proces meegemaakt hoe je jezelf onderdompelde in NVC. Ik was vijf toen je ermee begon. We groeiden op en we groeiden hechter door NVC. Ik herinner me een serieuze ruzie die jij en ik hadden toen ik vier jaar was. We stonden op de trap en we waren beide razend op elkaar. Je gaf me een klap, het was verschrikkelijk. Ik rende mijn kamer in en stampte tegen het bed. Ik had zo een pijn in mijn hart en was zo verstrengeld in mijn hulpeloosheid. Wellicht voelde jij hetzelfde. Dat was het moment dat je boeken begon te lezen, cursussen volgde en alles werd beter. Hoe ouder ik werd, hoe minder we in situaties verzeilden waarin we ons compleet hulpeloos voelden. En als ik terugkijk waar we nu staan, dat is een gigantische sprong voorwaarts. Echt cool!

Ik herinner me ook grappige experimenten, afhankelijk van het boek dat je las. Ik had eens ruzie met Elia over Lego. We waren boos op elkaar toen jij ertussen kwam. Wellicht was je aan het wachten op het ideale moment om je nieuwe vaardigheden te testen. Je vroeg ons in de zetel te zitten en vroeg dan: "Zoals welk dier voel je je op dit moment?"

Elia en ik keken elkaar aan in complete verwarring en zeiden: "Huh, wat is ze nu weer van plan?"

Jij: "Voel je je zo boos als een leeuw?"

Wij: "Wat? Hoe voelt een leeuw? Ik heb me nog nooit als een leeuw gevoeld."

Jij: "Probeer eens te brullen als een leeuw. Brul het er maar allemaal uit."

Wij: "Waaah."

Jij: "Neen, neen, brul met veel meer boosheid!"

We verhieven onze stemmen: "WAAAarrrrgh!!!"

We waren volledig in de war. Dus hebben we maar snel onze ruzie bijgelegd. Ergens moest je doorhebben dat het effect niet was wat je gehoopt had en je ging hoofdschuddend de kamer uit. Wellicht heb je dan evaluerende notities genomen. Elia en ik loerden naar elkaar en zeiden: "Wat was dit? Laten we het ons niet aantrekken en gewoon verder spelen."

Er waren ook de handpoppen. De giraf, de jakhals en van beiden ook de opzet-oren. Die maakten het allemaal tastbaarder, ik vond ze wel tof. Ik herinner me dat jij en papa eens ruzie hadden. Elia was bang en ik troostte haar. We zaten voor jullie deur en bedisselden wat we zouden doen. Toen haalden we de giraffe oren. Ik rende de kamer binnen, legde de oren op de tafel en rende terug buiten. Ik denk echt dat het een verschil gemaakt heeft.

Gundi: *Ik herinner het me ook en het heeft effectief een groot verschil gemaakt. Het raakte me erg. Het deed dienst als wekker, me herinnerend aan wat echt telt en hoe we kiezen om in interactie te gaan met elkaar. We hebben ons toen vermand en de ruzie bijgelegd.*

Marie: En dan waren er nog de gezinsconferenties, waar ik echt van hield. Toegegeven, soms waren ze wat vervelend omdat we megalang aan tafel moesten zitten terwijl een prachtige speel-namiddag in rook opging. Uiteraard waren er in een gezin van vier altijd wel wrijvingen die aandacht vroegen.

Telkens als er iets scheef zat tussen ons, of iemand had hulp nodig voor huiswerk of zo. Op de koelkast hing een lijstje en als iemand een onderwerp had, schreef die dat op die lijst. 's Zondags zaten we rond de tafel en startten we met wat we wensten te bespreken. Vervolgens schreven we het op en uiteindelijk werkten we elk punt af. Telkens volgens dezelfde gekende structuur. Ik vond dat tof vanwege de voorspelbaarheid en betrouwbaarheid. Als iets belangrijk was voor iemand, werd wat die vertelde volgens de procedure genoteerd, waardoor het tastbaar werd, het gaf ons een houvast. Dit deden we net zolang tot al onze zorgen eruit waren. Dan verzamelden we oplossingen suggesties. Het was eveneens belangrijk voor ons dat iedereen zich in die oplossing kon vinden. We namen geen genoegen met een compromis. Dat was soms uitputtend, maar was uiteindelijk de moeite waard. En op het einde bevestigde iedereen zijn bereidheid door de overeenkomst te ondertekenen.

Ik herinner me een specifiek voorbeeld dat belangrijk voor me was. Het ging over later op mogen blijven dan mijn zus. Ze is drie jaar jonger dan mij. Ik realiseerde me dat ik op een serieuze manier erkend wilde worden in mijn "ouder zijn". Ik was tenslotte zeven en dus bijna volwassen. Het resultaat van die gezinsconferentie was dat ik wel degelijk langer mocht opblijven. Ik denk vijf minuten of zoiets. Maar die minuten deden er niet toe. Het belangrijkste was dat ik eindelijk langer mocht opblijven. Uiteindelijk bleek het oersaai want ik had niemand om mee te spelen en Tv-tijd was al voorbij. In die vijf minuten bespraken jij en papa dingen die me compleet niet interesseerden. Maar, ik mocht langer opblijven, dat was wat telde, want ik werd au serieus genomen. Zo leerde ik al vroeg: als er problemen zijn, neem plaats rond de tafel, praat erover tot je een oplossing hebt waardoor de problemen van de baan zijn.

Ik herinner me ook de praatstok. Wanneer ik het niet eens was met mijn zus, deed je een kleine meditatie met ons. Het had een bijzondere structuur. We konden het niet gewoon onder ons twee zo gedaan hebben. Op zo'n momenten was het tof een mama te hebben die ervoor zorgde dat alles gezegd was en iedereen gehoord werd. Op die manier konden we oplossingen vinden waardoor alles terug OK was. Zover ik het me kan herinneren, is dat steeds goed afgelopen.

Gundi: *Wat was de impact op je vriendinnen?*

Marie: Als iemand tegen me kwam roddelen over haar vriendinnen of haar ouders dan had ik het wel lastig. Ik wou daarin geen partij kiezen. In plaats daarvan gaf ik empathie, probeerde ze te begrijpen of luisterde simpelweg naar wat ze te zeggen hadden. Dat was vaak moeilijk omdat die 'normale tienerproblemen' me onbekend waren. De middelbare school was het centrum van geroddel. Ik kon daar niets mee. Het was verschrikkelijk voor me. De belangrijkste onderwerpen waren over de anderen: wat ze droegen en wat ze gedaan hadden. Ik kon me daar niet in vinden en werd een beetje een buitenstaander. Later op feestjes goten ze zichzelf vol alcohol en had ik meer een moederrol. Ik lette op hen. Ik had het ook lastig met hun manier van praten. Het was zo verschillend van wat ik gewoon was. Ik begreep het niet echt. Waarom zeggen ze niet gewoon wat ze bedoelen? Waarom verstoppen ze zich toch? Vooral als ze tegen hun ouders spreken. Waarom maken ze het zichzelf toch zo moeilijk?

Als ze een onderling conflict hadden, was ik de veilige haven. Iedereen kwam naar mij om eens goed hun gal te spuwen. Helaas steeds op zo'n roddelmanier, niet te vatten! Het heeft me een tijdje gekost om ermee om te gaan omdat ik dat niet gewoon was. Als we thuis een conflict hadden, kwamen we snel op het emotionele niveau en dan bij de behoeften. Maar als er iemand naar me toekomt en zegt dat die andere 'zo dom is' dan was het vermoeiend om empathisch te luisteren. En als ik uiteindelijk een gevoel ontwaarde, keerden ze snel terug naar hun gekende patroon. Misschien omdat gevoelens bedreigend kunnen zijn? Het was moeilijk om echt verbinding te hebben met mijn vriendinnen en dat miste ik enorm. Wellicht waren mijn verwachtingen te hoog gespannen omdat ik een veel betere verbinding had met mijn familieleden dan met mijn vriendinnen. Dat was echt jammer. Ik heb me zelfs afgevraagd waarvoor vrienden dan dienen, als er toch zo weinig verbinding is. Ik denk dat ik ook nooit echt behoorde tot hun groepje. Ik was meer het buitenbeentje. Maar ondanks dat waren we toch vrienden. Ze waardeerden me vanwege mijn speciale rol: als ze ruzie hadden kwamen beide partijen bij me om hun hart uit te storten. Uiteraard mocht ik daarvan nooit iets tegen de andere partij zeggen en daardoor stond ik tussen hen. En toch hield ik wel van die rol. Ik had tenslotte een missie, eentje waarbij ik mezelf zelfs niet moest verloochenen of te kort moest doen. Ik wilde echt wel behoren tot hun groepje, maar ik wilde tegelijk wel trouw blijven aan mezelf. En dat liep best goed. Vandaag heb ik vrienden waarmee ik een mooie, diepgaande relatie heb.

Gundi: *En wat leer je daaruit?*

Marie: Een diepere verbinding met mezelf waaruit ik kracht kan putten. Ik begrijp mezelf en daardoor ben ik in staat anderen te begrijpen. Ik kan echt empathie hebben naar anderen toe. Mijn eigen gevoelens ervaren, schrikt me niet af. Evenals de gevoelens die anderen tonen mij niet afschrikken. Gewone mensen zijn meestal compleet hulpeloos wanneer een volwassene huilt. Voor mij is dat een uitdrukking van een gevoel en dat is perfect OK, net zoals lachen.

Ik kan ook de schoonheid zien in het 'anders zijn'. NVC heeft me geholpen mezelf te vinden en te leren wat voor mij belangrijk is. Ik kan in verbinding gaan met mezelf en eens goed rondkijken: als ik ergens triest over ben, wat zit daar achter? Soms ben ik wat knorrig op iemand en dan vraag ik mezelf af: waarom? NVC helpt me om dat oncomfortabel gevoel te plaatsen en te onderzoeken. Het loont de moeite.

Als klein meisje hield ik me in om mijn emoties te tonen als ik ruzie had met mijn jongere zus. Ik was bang dat het de dingen alleen maar erger zou maken. Ik dacht door mijn gevoelens te verbergen dat ik kon vermijden dat ze erdoor gepijnigd werd en ik dus de enige zou zijn die eronder zou lijden. Daarna ervaarde ik meermaals dat de dingen verbeterden wanneer ik mijn echte ik toonde, waarbij we er, op een veilige en gecontroleerde manier over konden praten. Daarna was alles opgelost, het was van mijn hart. In de meeste gevallen zorgde het zelfs voor een hechtere verbinding, waar ik oorspronkelijk bang was van het tegenovergestelde. Deze ervaringen moedigden me aan om meer mijn gedacht te zeggen, meer mijn emoties te tonen en erop te vertrouwen dat het net dat is wat de relatie behoudt. Ik heb ervaren dat het alleen maar slechter wordt als je dingen niet uitspreekt. Onuitgesproken dingen hebben de neiging om te groeien en overal op te duiken, zoals een vicieuze cirkel.

Soms waren er heftige emoties als we ruzie hadden - dat was beangstigend. Ik herinner me toen ik 16 was en ik ging in mijn eentje naar Canada voor twee maanden. Ik ging er een zelfontdekking opleiding volgen. Coming of Age en Vision Quest. Ik veranderde enorm en maakte gigantische vooruitgang. Ondertussen leefden jullie je leven hier thuis zonder noemenswaardige veranderingen. En toen we terug bij elkaar waren, had ik het lastig, zelfs al maar om je aan te kijken. Het leek wel of ik op een stormfront botste. Ik ergerde me aan het kleinste ding dat je deed. Als iemand verandert of een groeispurt meemaakt, dient de relatie zich ook aan te passen. De relatie vraagt om herziening. Zoals een slang die zijn oude huid dient af te werpen. Ik had gelijkaardige wrijvingen met mijn zus. Telkens als zij evolutionair groeide, moesten we elkaar terug vinden.

Gundi: *Wat was niet ze goed? Waar zou je zeggen: "Hey, doe dat niet!"*

Marie: Waar ik reeds van in het begin echt een hekel aan had, was dat je zo principieel aan je formaliteiten vasthield. Als ik een gevoel ervaarde, midden in mijn heftige emotie zei je: "momentje, even de vier stappen erbij halen." Dan legde je ze op de vloer, ik moest dan op de emotiekaart gaan staan en moest daar dan zeggen: "ik voel me…" Op zo een moment dacht ik: "Mama, wat doe je toch?" Dit is niet echt meer, het is kunstmatig, het blust

187

alle vuur en zuigt alle energie uit mijn emotie. Gevoelens zijn er om gevoeld te worden in al hun intensiteit. Niet om opgedeeld te worden in kaartjes. Telkens als je me over die kaarten liet lopen, leek het alsof ik in een vakje moest passen. De boodschap die ik erdoor meekreeg was: "Wat je voelt, is compleet normaal, laten we nu het patroon volgen." Alsof ik een patroon was! Ik ben allesbehalve een patroon! Ik zat midden in een situatie die zo levensecht voelde, zo uniek was en ik wilde helemaal niet in een patroon passen. Het was een aanval op de individualiteit van het moment. Soms had ik het idee dat je me helemaal niet begreep. Ik voelde me als een experiment en dacht: "Nu is ze blij dat ik van streek ben, want dan kan ze eindelijk nog eens haar stomme vier stappen gebruiken." Het leek alsof je geen interesse had in hoe ik me voelde en ik was slechts een rat in je laboratorium.

Maar dat was helemaal niet het geval. Je deed dit net omdat je om me gaf en me wou steunen. Jammer dat die boodschap niet altijd doordrong.

Anderzijds bood die structuur wel degelijk ondersteuning. Het zou nog idealer zijn mochten de vier stappen niet zo erg opvallen en meer op een natuurlijke wijze zouden gevolgd worden, dichter bij het echte leven. Zodat je de vier stappen beheerst, je hebt ze altijd bij ergens in je rugzak, zonder dat je ze krampachtig vastklampt. Opdat je de richting die ze geven, op een meer vloeiende, flexibele manier zou kunnen volgen, meesurfend op de energie en de flow van het moment. Gewoon observeren: Wat leeft er op dit moment? Wat is er nu nodig? Ik zou dan de behoefte kunnen overslaan, teruggaan naar het gevoel en terug naar de behoefte. Uiteraard vereist die aanpak veel ervaring. Je moet er volledig van doordrongen zijn voordat je het patroon los kan laten. Ik begrijp ook dat er een lange weg af te leggen is om alles natuurlijker te laten klinken.

Ik denk dat het wellicht het beste is als NVC onbewust zou aangebracht worden. Op deze manier, telkens al een kind boos is en totaal emotioneel, kan jij als luisteraar er bewust van zijn dat het absoluut niets te maken heeft met wat er gebeurd is en dat jij daar helemaal niets aan hoeft te doen. Integendeel: het gaat om het kind dat iets heftigs voelt. Dat gevoel wil er gewoon uit, tot alles eruit is. En als alles geventileerd is, zal de behoefte op een natuurlijke manier tevoorschijn komen. En dan kan jij iets zeggen in de trend van: "Hey, hoe komt het dat dit zo belangrijk voor je is? Hoe komt het dat jij je er zo aan stoort wanneer dit gebeurt?"

Het kan zijn dat je een ontwijkende reactie krijgt zoals: "Ik kan dat niet omdat..."

Daarop zou je kunnen vragen: "Wat is er echt belangrijk voor je? Wat wil je echt? Wat wil je dat de ander doet?"

Zo kan het ook. Op een heel natuurlijke manier. Ik vind het onbelangrijk om telkens de behoeften en gevoelens correct te benoemen want die kunnen raar of steriel klinken. Het is extreem irritant om te horen: "Neen dat kan je niet voelen want dat is geen echt gevoel." Zoiets stopt het hele proces, dus doe dat niet meer a.u.b.!

Wat wel helpt op zulke momenten zijn suggesties. Ik heb het steeds als heel prettig ervaren wanneer je met me meedacht en meevoelde omdat ik zelf vaak niet op de juiste woorden kon komen. Vooral als ik te opgewonden of boos was en iets zei zoals: "Dat is zo verkeerd!"

Dan zei je: "Ben je misschien teleurgesteld? Of ben je ...?"

Daardoor bleef ik praten, jij kwam erbij en uiteindelijk kwamen we op een natuurlijke manier bij de onvervulde behoefte. Wat dan ook helpt is te vragen: "Wat wil je dat de ander doet? Wat zou JIJ willen of wat helpt jou nu?" Je kan ook vragen: "Als je iets mag vragen aan die ander, wat kan dat zijn?" In plaats van te bevelen: "En nu het verzoek!"

En toch vat ik dat het zeer lastig is, zeker in het begin. En dat is OK, de dingen kunnen niet altijd eenvoudig zijn. Wellicht helpt het om vooraf je intentie duidelijk te maken zoals bijvoorbeeld: "Hé, ik wil je graag helpen. Ik realiseer me dat ik je voorheen niet echt begreep. Daarom wil ik het op een andere manier proberen." Of je kan zeggen: "Ik leer momenteel om het beter te doen. Ik wenste dat ik er al beter in zou zijn." Of: "Jij bent belangrijk voor me! De manier die ik nu gebruik, helpt me om beter naar je te luisteren." Ik denk dat dit goede inleidingen zijn om het pad te effenen. Wat wel belangrijk is - wàt je ook zegt - dat het bij je past. Vind woorden die bij je passen in plaats van kant-en-klare zinnen uit het boek. Het is belangrijk dat wat je zegt echt uit je hart komt en jouw waarheid vertelt.

Iets anders waar ik het lastig mee had, is dat jullie aanvankelijk gewone ouders waren. Toen ontdekten jullie NVC en schreven jullie het eerste boek (Ik Wil Begrijpen Wat Je Echt Nodig Hebt.) Gaandeweg groeide jullie aanzien en nu zijn er fans van het eerste uur die haast denken dat jullie idolen zijn; ze durven jullie bijna niet meer aan te spreken. Als we zo'n mensen tegenkomen, worden we haast als heiligen behandeld. En dat maakt van mij het 'celebrity kid' en daarmee is alles dus volledig mee verklaard. Alsof mijn levensdoel was om een NVC kind te zijn. NEEN! Het interesseert hen niet wie ik echt ben. Wat ik echt wil of doe. En dan denk ik: "Hallo-o jongens!" Ik wil gezien worden als een volwaardig individu en niet gereduceerd worden tot een NVC-kind. Het is zoals een label of een stigma. Ja, dat is inderdaad ook een deel van mij maar ik ben zoveel meer dan dat alleen. En mijn interesses gaan niet direct uit naar NVC. Dat is niet echt mijn ding. Ik heb meer interesse in milieubescherming of andere projecten, kunst en sport. En ik ben absoluut niet beter of belangrijker dan iemand anders.

Soms vragen ze: "Hoe was dat voor jou?" en: "dat moet toch fantastisch geweest zijn." Jazeker, het helpt enorm en is fantastisch en tegelijkertijd is het bedrukkend door de verwachtingen. Ik vrees dat ze van mij verwachten dat alles wat ik zeg perfect NVC moet zijn omdat ik anders mijn ouders tekort doe. Dat is uitputtend. Ik wil niet gezien worden als het resultaat van een geslaagde NVC opvoeding. In realiteit ben ik gewoon een mens. Ik doe maar wat, ik bega stommiteiten en ik zeg dingen die niet bepaald NVC zijn.

Gundi: *Welk advies zou je geven aan jonge ouders?*

Marie: Probeer het eens! We zaten op een sofa te brullen als leeuwen, wat niet echt hielp, we waren zo verward. En dan? Het was OK. De dag erna probeerde je iets anders. Vooral kinderen vergeven je dat, dus probeer maar dingen uit en kijk wat het best werkt voor jullie en je kinderen. Niet noodzakelijk NVC, het kan evenzeer iets anders zijn. Voor ons werkte NVC het best.

Wat ik het mooiste vind aan NVC is empathie geven. Om echt bij iemand te zijn wanneer die iets voelt. Simpelweg de empathische kwaliteit van jouw aanwezigheid om bij die persoon te zijn. Vooral bij kinderen maar eigenlijk bij om het even wie. Om zo te ontdekken welke diep verborgen schatten er zijn achter alles, vooral bij het rouwen of boosheid. Zelfs als dat lastig is voor je - is het waardevol om er bij te blijven, ruim de tijd te nemen om te ontdekken wat er echt leeft.

Ik denk dat het belangrijk is om in jezelf emoties toe te laten. Om ze echt te beleven, hen serieus te nemen en te onderzoeken: Wat doen ze met me?

Wat willen ze me tonen? Waarvoor willen ze me behoeden? Het gaat over zelfzorg.

En uiteindelijk kinderen serieus nemen. Ik heb er altijd van genoten dat je ons behandelde alsof er een mirakeltje binnen in ons zat.

Gundi's samenvatting:
Mijn God... Ik hoopte dat dit deel gemakkelijk zou zijn door gewoon wat interviews te doen. In plaats daarvan werd het een achtbaan van emoties: we vierden samen, vaak was er opluchting, dankbaarheid, soms fierheid. De dingen raakten me diep, soms enerverend en soms deden ze pijn. Vooral die ene situatie die ik nooit zal vergeten omdat ze zo verschrikkelijk voor me was, de keer dat ik mijn dochter sloeg. Ik was alle contact met mijn dochter kwijt alsook het contact met mijn eigen hart. Een betonnen muur versperde de weg naar mijn hart waardoor ik geen toegang had tot mijn eigen liefde. Het doet nog steeds pijn als ik eraan denk. En tegelijk was het een startschot voor me. Van toen af heb ik een pad gekozen waar ik nog steeds op stap. Regelmatig mijn koers wijzigend om op dat pad te blijven. Ik kan beamen wat Marie eerder vertelde: het is gigantisch waarheen het ons voerde en ik ben onwaarschijnlijk dankbaar dat ik op mijn pad NVC tegenkwam als een uiterst bruikbare werkwijze. Ik ben fier op mezelf om het onvermoeid te blijven toepassen naar best vermogen van het moment.

Nawoord: Enkele hoogtepunten uit mijn NVC-leven

Mijn eerste grote onderzoeksdomein was empathie. Ik kon het nauwelijks geloven: nog geen moment geleden was mijn partner razend en alles wat hij nodig had was een beetje ruimte en wellicht enkele nieuwsgierige empathie pogingen. Dit volgens het patroon: "Voel je nu ... (emotie) en heb je nood aan ... (behoefte)? Dit patroon was aanvankelijk hoogst ongebruikelijk, ik moest mezelf forceren om de woorden uit te spreken. Anderzijds overtuigde het effect me zeer snel om deze nieuwe manier te integreren. Een paar onderzoekende pogingen in de buurt en ... Tadaa! "Ja, dat is nu precies waar het over gaat," vergezeld door een diepe zucht van opluchting. Het vervelend gevoel dat leefde in mijn partner was getransformeerd in kalmte, innerlijke rust en opgewektheid.

Het eerste zaadje was geplant en ik geraakte onwaarschijnlijk gefascineerd zodat ik het overal begon toe te passen. Hierdoor deed ik wondermooie ontdekkingen. Ik onderzocht of er verborgen behoeftes zaten achter alledaagse zinnen. Wanneer ik verhaaltjes voorlas voor de kinderen nam ik korte pauzes om samen te onderzoeken welke emoties bijvoorbeeld de heks van Rapunzel zou hebben en welke behoefte ze heeft wanneer ze de buur betrapt op het stelen van haar geliefde salade.

Telkens wanneer mijn partner die zucht van opluchting liet horen, voelde ik vervulling. Het was een geschenk van vertrouwen dat mij begeleidde op dit groeipad. Mijn behoeften aan effectiviteit, bijdrage en verbinding, door dit proces gevoed, werden zelfs overstegen. En omdat dit zo onwaarschijnlijk voedend was voor mij werd mijn credo: 'empathie eerst!'

Empathie was tevens mijn eerste aanpak in conflicten. Voorheen ging ik elk conflict uit de weg. Ik herinner me een opstelling oefening waarbij ik conflict verbannen had. De persoon die ik gekozen had om conflict te verpersoonlijken, moest de kamer uit en de deur ging op slot. Hij werd compleet buitengesloten. Nu was ik in staat om te luisteren en deed ik pogingen om te begrijpen wat er omging in de ander. Wat een godsgeschenk. Het is niet zomaar dat ons eerste boek de naam kreeg: "Ik wil begrijpen wat je echt nodig hebt." Wanneer ik mijn partner begreep, ondervond ik vaak een grote verandering in mijn eigen attitude. Begrijpen wat er voor mijn partner zo belangrijk was, veroorzaakte die 'hartsontroeringen', vergezeld van warme troostende gevoelens met zoete tranen van vreugde. We dompelden ons onder in een oceaan van verbondenheid en begrip. De oorspronkelijke aanleiding had een ander effect en het conflict verdween vanzelf.

Een ander zaadje werd geplant toen we voor de eerste keer deelnamen aan een Familiekamp alwaar ik Kirsten Kristensen tegenkwam. Haar wijsheid was 'eerlijkheid eerst'. Ik zat samen met een vriendin en Kirsten aan tafel toen mijn vriendins' zoon binnenkwam met een "Mama, mag ik…"-vraag.

Kirsten zei haar: "Zeg het hem, vertel hem jouw waarheid."

Mijn vriendin antwoordde: "Maar ik kan hem geen antwoord geven want ik heb niet het lef om daar nu over te beslissen. Ik heb even tijd nodig."

"En dat is precies wat je hem nu kan vertellen."

Ze deed het en voegde een termijn toe waarna ze wel over het onderwerp konden praten en hij ging weg. Hij was niet echt blij maar hij aanvaardde het. Dit wrong zo met mijn beeld van de perfecte moeder die er altijd moest zijn voor haar kinderen die zichzelf wegcijferde wanneer haar kind iets nodig had.

Datzelfde zaadje ontsproot toen ik enige tijd later Marshall B. Rosenberg ontmoette op de International Intensive Training (IIT) in Boedapest. Ik nam deel aan zijn workshop en iets wat hij daar zei bleef nazinderen. Dus trok ik mijn stoute schoenen aan en zocht hem op tijdens een pauze om hem een vraag te stellen over opvoeding. Hij keek me aan en vroeg: "Heb je kinderen?" Ik zei: "Ja, twee dochters." Waarop hij zei: "Als je kinderen hebt en gelooft dat er zoiets bestaat als een 'goede moeder' dan leef je in een hel." Verdorie, hij doorzag me helemaal. Hoe had hij dat zo snel gezien? Dat zette me nog meer aan het denken en ik ontdekte massa's 'Ik moet'-s in mezelf. Een goede moeder moet…, een goede echtgenote moet …, een goede dochter moet …en zo verder. Elkeen van die moetens zorgde voor een beklemmend gevoel in mijn keel en mijn borst. Zoals een korset dat me weerhoudt om te kunnen ademen. En ik begon elk van deze overtuigingen te transformeren in 'Ik kies ervoor om … omdat ik (behoefte) belangrijk vind.' Een avontuurlijke tocht van de 'ik moet'-planeet naar de planeet van de bewuste keuze. Daar had ik een vette kluif aan, maar het was zo bevrijdend. Soms werd het zelfs verslavend en zo kon ik veel beter ademen.

Van Klaus Karstädt kreeg ik een lijst met behoeften. Elke dag, gedurende een tiental minuten, vertaalde ik die 'nieuwe woorden' en integreerde ze in mijn eigen woordenschat. Mijn vocabulaire miste zoveel woorden maar ze klonken zo belangrijk. Ik wilde woorden vinden die bij mij pasten zodat mijn partner en vooral mijn kinderen ze konden begrijpen.

Toen ik die lijst verwerkt had, begon ik met een dagboek. Opnieuw een tiental minuten per dag. Ik noteerde de dingen die ik meemaakte. Ik omschreef de aanleiding en onderzocht mijn gevoelens en behoeften. Afhankelijk van de situatie rouwde ik of vierde ik en uiteindelijk zocht ik naar alternatieve bruikbare strategieën. Zo ontdekten we het vieren en de dankbaarheid naar onszelf toe. Ik herinner me dat ik op een rode post-it schreef: "Hallo schatje, ik heb besloten om vanaf vandaag terug te vieren." Frank heeft het geplastificeerd en ik heb het zojuist terug ontdekt. Ik heb het naast de balkondeur gezet. De kleur is volledig verbleekt en het geschrift is nauwelijks leesbaar.

Dat 'vieren' hebben we daadwerkelijk ingevoerd in ons dagelijks familieleven: Bij het avondeten hielden we vieringsrondes, en ik herinner me nog levendig wat Elia een keer zei. Op een NVC familie event zei ze in de ronde: "Ik vier dat we aan het vieren zijn." Dat vieren bracht zoveel dankbaarheid in ons leven en focuste onze aandacht op de mooie dingen.

Er waren nog veel meer groeistappen. Als ik ze allemaal zou oplijsten, zou dat zinloos zijn. Vooral omdat deze groeistappen vandaag niet meer zo levendig in mij aanwezig zijn. Die Hoogstens bezorgen ze me nog een glimlach. Toch wil ik nog één ding vermelden, namelijk het meegroeien met mijn kinderen, gekenmerkt door het onderwerp: 'in vertrouwen loslaten'.

Nog iets wat ik graag wil vieren, was toen ik NVC trainer werd. Ik definieerde mijn rol als empathisch, begrijpend en ruimte gevend voor de anderen. Ik heb nog steeds de neiging om dit te doen, zelfs als ik deelnemer ben aan een workshop. Drie jaar geleden was ik zo een deelnemer op een meerdaagse opleiding waarbij mijn man één van de zes trainers was. We slaagden er daar in, om een veilige omgeving te creëren waarin empathie alomtegenwoordig was. Vaak bood ik met plezier mijn empatisch luisteren aan als geschenk. Voor mij was dat op meerdere manieren voedend. Ik voelde me kostbaar, waardevol en belangrijk. Trouwens, het is veel veiliger om empathie te geven dan te ontvangen. Om jezelf te tonen in je zwakheid of onvermogen en om je kwetsbaar op te stellen. Dat vraagt veel meer vertrouwen.

En toch moest het er van komen, het was mijn beurt om empathie te ontvangen. Het kwam van een deelneemster die ik volledig vertrouwde, iemand zeer evenwichtig en gebalanceerd. Ze bood me haar aanwezigheid aan en ik aanvaardde. Ten slotte was ik een deelnemer. Ze begeleidde me in mijn proces. Ik kwam in contact met mijn verdriet, wat wees op mijn verlangen om 'gezien' te worden. Ze vertelde hoe waardevol ze het vond dat ik er echt voor anderen wil zijn en wat een geschenk ik ben voor de gemeenschap. Mmh, dat kon ik wel smaken. Ik kon dat makkelijk binnenlaten en het verwarmde mijn ziel op een bekende manier. Maar toen zei ze: "Eigenlijk weet ik absoluut niets van je en ben ik heel nieuwsgierig je te leren kennen. En trouwens: Als je graag gezien wil worden, kan het zinvol zijn om je te tonen."

Dat kwam binnen als een donderslag bij heldere hemel en ik voelde angst. Mijn God, het was zoooo waar! De nagel op de kop. Als ik me verstop dan toon ik mezelf niet dus kan niemand me zien. Hoe zouden ze kunnen? Toen voegde ze er aan toe: "Wow, op dit eigenste moment zie ik je. Ik kan je zien in al je schoonheid en in al je menselijkheid." Haar ogen waren nu heel groot en wat ik daarin kon zien was onvoorwaardelijke liefdevolle aanvaarding en dat voelde zo ontzettend goed!

Ik ervaarde dat het toegestaan is om mezelf te tonen, er is ruimte voor me en er is heel veel liefde. Wat ze zei was zo voor de hand liggend en ik realiseerde me dat mijn 'empathisch luisteren begeleiding' wel hielp om contact te maken met anderen. Het is een beproefde en veilige strategie die ik goed onder de knie had maar waar ik binnen mijn eigen comfortzone bleef. Terwijl mezelf tonen, zelfs in al mijn kwetsbaarheid een andere manier is om contact te maken. En de kwaliteit van de verbinding die daardoor gemaakt wordt, is anders van een meer diepgaandere soort. Misschien zelfs een nieuwe smaak. Daarenboven geeft het meer balans tussen geven en ontvangen plus de mogelijkheid te voelen hoe kostbaar het is geaccepteerd te worden. Het is de kers op de taart.

Jezelf tonen vraagt veel moed en vertrouwen maar het heeft het potentieel 'gezien te worden'. Sterker zelfs, het is de voorwaarde om 'opgemerkt te worden'. Wow! Wat een inzicht. Wat een uitdagend en spannend pad om te volgen. Dus als ik nu een opleiding volg als deelnemer en we worden voor een oefening in subgroepen verdeeld, en als dan iemand vraagt wie er wil beginnen, dan hoor ik mezelf vaker en vaker zeggen: "Ik zou graag als eerste willen gaan." En daar hou ik van. Het is ook zoveel makkelijker sinds ik mezelf niet meer als NVC trainer definieer. Nu is het mijn beurt.

En uiteindelijk zijn er steeds onderwerpen waarin ik kan groeien. Vooral dat eerlijkheidsding. Ik ben nog steeds op weg om vertrouwen te verzamelen dat mijn aandeel waardevol is en dat het zelfs veilig is wanneer ik mijn idee op tafel leg in een conflict. Toch blijft het voor mij een angstige uitdaging om mijn waarheid te vertellen. Tegelijkertijd vertrouw ik erop dat het leven me voldoende opportuniteiten zal leveren om deze angsten te overwinnen. Ik ben klaar voor de uitdaging.

Een woord van Dank...

... Rudy. Ik ben zo dankbaar dat het leven je op mijn pad gebracht heeft. Ik geniet met volle teugen van wat je maakt van mijn schrijfsels. Als ik de vertaalde hoofdstukken terugkrijg en herlees, dan word ik er terug verliefd op. Ze hebben zoveel aan kwaliteit gewonnen en tegelijkertijd klinken ze nog steeds als mijn woorden. Wat een uitdaging. Je schreef me: "Ik doe mijn uiterste best om zo dicht mogelijk bij het originele Duits te blijven en bij de Gundi zoals ik haar ken." Het kwam me allemaal zeer goed uit. Je bent er meesterlijk in geslaagd.

Tegelijk, de wetenschap dat je passioneel wil bijdragen aan dit boek - sterker zelfs - dat je het een hele eer vindt om deze teksten te mogen vertalen, maakt het voor mij zo veel makkelijker om je hulp te aanvaarden.

En ten slotte wil ik je bedanken om samen in hetzelfde schuitje te zijn. "It's a 'both of us' project." We kunnen dit samen vieren en dat is zoveel leuker dan dingen alleen doen.

Ook wil ik de meisjes van mijn home groep danken. Dankzij jullie ontdekte ik mijn passie voor schrijven. Ik had nooit gedacht dat het in me zat. Het was een moeizame tocht voor ons allen en toch maakte het dit boek mogelijk. Een bijzonder woord

202

van dank voor Jutta, voor de talloze telefoontjes waarin je me inspireerde en me weer op weg hielp wanneer ik weer eens vast zat.

Dankjewel Marie - je luisterde naar mijn voorgelezen verhalen en had emotionele tranen in je ogen telkens wanneer ik stopte met lezen. Tot je op een dag zei: "Mama, je zou je eigen boek moeten schrijven. Jouw verhalen zijn zo kostbaar. Telkens als ik er één hoor, blijft het een dag lang nazinderen. Net op tijd om klaar te zijn voor het volgende." Die uitspraak heeft mijn zelfvertrouwen gesterkt.

Bedankt Elia. Onder andere voor de hint: "Begin gewoon te schrijven." En dat deed ik. Telkens wanneer ik dacht: "Dat kan ik toch helemaal niet schrijven!", herinnerde ik me jouw woorden en schreef gewoon verder in plaats van toe te geven aan mijn twijfels. En dat werkte. Ik had nooit gedacht dat ik tot zoiets in staat was.

Dus, Frank, nu is het aan jou. Bedankt voor het voorwoord. Toen ik het las, moest ik huilen van geluk. En de tranen bleven maar komen.

En er is meer: al die jaren reizen we samen op dit pad. Samen! Met mooie en mindere momenten, met vallen en opstaan. Dat waren onze huwelijksgeloften. En we hebben er ons aan gehouden. En we zijn er samen geraakt. Ik dank je om op het pad te blijven, om bij mij te blijven. Om dit samen te kunnen meemaken en ons leven te delen. Van de Gundi met de blitse Alfa Romeo Spider en de Frank met de betrouwbare Passat; van de Gundi met haar fancy Minolta en de Frank met de eerlijke

Nikon, tot waar we vandaag staan. Slechts enkele jaren ouder, maar nog steeds dezelfde in onze harten zoals voorheen -vrij, ongebonden en rebels. Ik kijk uit naar meer van dat.

En ook aan mijn moeder. Ik kreeg de kans om het anders te doen dan jij me voorgedaan had en ik dank je om me daar niet voor te veroordelen. In tegenstelling: je was trots op me! Een hele dikke dankuwel, dat betekent heel veel voor me. Ik ga nooit dat moment vergeten waarop ik je enkele verhalen gaf om te lezen. Toen ik thuiskwam was ik ongeduldig benieuwd naar wat je ervan vond. Ik herinner het me nog zo goed. Ik kwam in je keuken waar je eten aan het klaarmaken was. Je draaide je om naar me en sprak met tranen in je ogen: "Ik wist niet dat je zo een kostbare persoon was." Bedankt om dat in me te zien.

Ik wil zelfs Iffi bedanken, onze hond. Als ik aan mijn schrijftafel zat, was jij steeds aan mijn zijde. Er wordt gezegd dat honden graag daar zijn waar er mooie energie is. Dus ik besloot om daarin te geloven. En zelfs op dit moment wil ik je bedanken, klein kakske, om me eraan te herinneren in welke kostbare energie ik nu zit.

Er is ook nog Sonia, mijn redactrice voor het oorspronkelijke Duitse boek. Ik dank je omdat je een boek zag in mijn verhalen. Bedankt om in me te geloven. Ik heb een zielsverwant in jou ontdekt. Ik apprecieer de lichtheid in onze samenwerking en dat je er was voor me. Ik kon op je rekenen. Bedankt daarvoor, dat maakte het makkelijker voor me. Op een keer aan de telefoon zei je: "Jouw verhalen zijn als een gouden straal in het leven." Dat heb ik opgeschreven en telkens als er twijfels herrezen, las ik die zin. Ik heb het in een kader gezet om het sneller te kunnen vinden. Het voedde mijn zelfvertrouwen. Wat een kostbaar geschenk.

En uiteindelijk bedank ik alle mensen die me vertrouwden en me toelieten hen te begeleiden. Alleen door jullie was het mogelijk om dat allemaal mee te maken en hier te kunnen delen.

Over de vertaling

Ik ben Rudy, Rudy Begas uit Grimbergen en ik bezit een sterke behoefte om bij te leren en bij te dragen. Daarom koos ik voor het pad van communicatietrainer, sinds 2004 voltijds. Ik train organisaties hoofdzakelijk in België, maar ook in Nederland, het Verenigd Koninkrijk en Duitsland. Ik word ingehuurd voor mijn aanstekelijk enthousiasme, hoge betrokkenheid en mijn lossere interactieve trainingsstijl. Deze verhoogt motivatie. Je kunt me vinden op LinkedIn (Rudy Begas – Gedreven Goestinggever) of via rudy@begas.be.

In dit licht zijn de meerderheid van de boeken die ik bezit zelfontwikkelingsboeken. En omdat ze 'mijn' boeken zijn (ik kocht hen met mijn eigen geld) kan ik ermee doen wat ik wil. Zo permitteer ik het me om woorden of zinnen te onderlijnen in inkt en ik noteer gedachten, associaties en opmerkingen in de marge. Als ik erover nadenk, lees ik helemaal geen boeken, ik bestudeer ze. Ik wil de boodschap van de schrijver begrijpen. Soms herlees ik een boek en ben ik fier op mezelf dat ik er nog meer wijsheid in ontdek, wat resulteert in nog meer notities. Om echt tot de kern van bedoelde mening te komen, lees ik graag boeken in de oorspronkelijke taal. Als ik deze boeken vergelijk met hun vertaalde versie geraak ik soms gefrustreerd, zelfs boos. Soms vind ik letterlijk vertaalde woorden, soms vormen de woorden perfecte volzinnen, alleen schieten ze voorbij aan het doel.

In 2012 ontdekte ik NVC en dat blies mijn werk en mijn leven een nieuwe betekenis in. NVC heeft mijn leven ten gronde veranderd. De realiteit en de feiten zijn nog steeds dezelfde, alleen heeft NVC de manier hoe ik daarnaar kijk verandert net als hoe ik omga met die observaties. De methodiek wijzigde mijn relaties met mensen, mijn opleidingen en mezelf. Op dat NVC-pad kwam ik Frank en Gundi tegen op een intensive course in Frankrijk. Nu enkele jaren later, ben ik kandidaat internationaal gecertificeerde NVC-trainer en is Frank mijn assessor.

Tijdens mijn opleidingen ligt voor de zeldzame meerwaardezoeker op een klein tafeltje bij de deur een set ondersteunende boeken over het onderwerp waarin ik die dag train. Het leeuwendeel van die collectie zijn steevast NVC boeken. Ik heb verschillende sets van boeken zodat ik mij aan kan passen aan het onderwerp of het niveau van de training. En soms, als ik me schaam over de vertaling, adviseer ik het originele boek.

Mijn bijzondere visie op vertalingen en boeken bestuderen, genereerde druk en spanning om dit boek te vertalen (eerst naar het Engels, en hier nu dus ook naar het Nederlands). Daarenboven had deze aangeboden vertalingskans veel te maken met kwetsbaarheid. Eerst en vooral Gundi's kwetsbaarheid, want ze deelt met ons privé belevingen en diepe gedachten. En tegelijk mijn eigen kwetsbaarheid want ik wil die wijsheid en magie doorgeven, verborgen in haar verhalen, om de diepere betekenis te eren. Ik wil er absoluut zeker van zijn dat mijn vertaling echt de onderliggende gedachte van haar schrijven weerspiegelt. Daarvoor lees ik de hoofdstukken keer op keer opnieuw tot ik denk ten volle te beseffen welk kostbaar geschenk Gundi aan de lezer aanbiedt. Als ik dan denk dat ik dit juweeltje helder gekregen heb, dan begin ik er de tekst rond te beeldhouwen.

In elk van Gundi's verhalen was ik geraakt door Gundi's hart dat beroerd werd (vandaar de titel). Die kleine wonderen pakte me telkens weer. Ik herinner me dat ik midden in de nacht één van haar verhalen aan het vertalen was en ik voelde wat ontgoocheling. Het miste de magie! Ik kon geen verbazend inzicht of levensles vinden. Hoe kwam ze erbij om dit erbij te steken? Totdat het enkele momenten later in mijn brein begon te dagen (sommige verhalen vragen wat tijd om te landen) en dan raakte de magie me dubbel zo hard. Ik voelde me schuldig dat ik aan haar durfde twijfelen en tegelijkertijd was dat een 'gentle reminder' hoe ikzelf omga met mijn eigen oordelen.

Dus, als een verhaal vertaald was in een eerste versie liet ik het een tijdje rijpen in een aparte map. Regelmatig wijzigde ik een woord of uitdrukking totdat ik me voldoende zeker voelde dat dit een waardige weergave was van haar initiële bedoeling. En slechts als ik absoluut overtuigd was, stuurde ik haar het verhaal door. Die kleine aanpassingen kwamen vaak voort uit nog dieper liggende inzichten en die konden elk moment van de dag (of nacht) naar boven komen. Net zoals ik nu op dit moment deze tekst voor jou aan het schrijven ben tijdens mijn vakantie. Zittend in de gang van het hotel, ver voorbij middernacht, hoog in de bergen, bruisend van enthousiasme.

Terwijl ik dit schrijf, voel ik een diepe dankbaarheid voor jou, beste lezer, om dit boek aangeschaft te hebben en het zelfs helemaal tot het einde uit te lezen. Ik hoop dat je er even geïnspireerd door bent als ik, door deze kleine kostbare juweeltjes die Gundi aanbiedt. Ik hoop dat ook jij verlangt naar nog meer van deze verhalen. En misschien heb je net zoals ik ontdekt dat Gundi jou het pad getoond heeft en de volgende stappen al belicht heeft. Zodat zelfs in de kleinste alledaagse dingen jij en ik kunnen voortgaan volgens haar geest, om van de wereld een zelfs nog mooiere plaats te maken en je eigenste koffiekopverhalen te schrijven.

Frank & Gundi Gaschler
Ik wil begrijpen wat je echt nodig hebt
Project Giraffendroom | Geweldloze Communicatie
met kinderen

Uitgeverij: Mens En Communicatie BV
Produkt-Code (EAN): 9789081674553

Dit denkbeeld is de leidraad van het project "Giraffen-droom", dat Frank en Gundi Gaschler hebben ontwik-keld. Dit betekent dat als kinderen van kinds af aan in een omgeving opgroeien, die op de principes van Ge-weldloze Communicatie is gebaseerd, dat een grote stap zou zijn naar meer compassie, verbondenheid en vrede in de wereld. In het samenleven met kinderen staan wij elke keer weer voor nieuwe vragen en uitdagingen. Ook al weten wij dat er geen kant en klare oplossingen be-staan, toch hebben wij iets nodig waar wij ons aan kun-nen vasthouden. Zoals dit boek wil laten zien, ligt dit houvast in de innerlijke verbondenheid met de kin-deren, die ons zijn toevertrouwd. Als wij empathisch met hen in het nu verbonden zijn, groeit door deze ver-bondenheid in hen de kracht dat ze in deze wereld kun-nen bestaan en daarin hun eigen weg zullen vinden.

I recommend the project
"The Giraffe's dream"
to educators, teachers, parents and children as one way
to help each other to do the one thing,
we all love to do most:
To enrich people's lives!
Marshall B. Rosenberg